U0521171

CEIBS | 中欧经管图书

正路

我在百胜餐饮26年的感悟

苏敬轼 / 著

东方出版中心

图书在版编目（CIP）数据

正路：我在百胜餐饮26年的感悟 / 苏敬轼著. --
上海：东方出版中心，2021.11（2024.4重印）
　ISBN 978-7-5473-1918-5

Ⅰ. ①正… Ⅱ. ①苏… Ⅲ. ①饮食业－企业管理－经验－中国 Ⅳ. ①F726.93

中国版本图书馆CIP数据核字(2021)第274083号

正路：我在百胜餐饮26年的感悟

著　　者	苏敬轼
策　　划	刘佩英
特约策划	胡峙峰　徐　慧
责任编辑	徐建梅
特约编辑	张碧萱　吕颜冰　徐　慧　胡胜兰
装帧设计	青研工作室

出版发行	东方出版中心
地　　址	上海市仙霞路345号
邮政编码	200336
电　　话	021-62417400
印 刷 者	上海盛通时代印刷有限公司
开　　本	890mm×1240mm　1/32
印　　张	10.375
字　　数	146千字
版　　次	2022年1月第1版
印　　次	2024年4月第9次印刷
定　　价	88.00元

版权所有　侵权必究
如图书有印装质量问题，请寄回本社出版部调换或拨打021-62597596联系。

推荐语

郭戈平
中国连锁经营协会创会会长

（联名推荐）

裴亮
中国连锁经营协会会长

　　中学为体，西学为用，苏先生是一个典范。他是一位散发着理性批判精神和传统儒家思想的企业家，这体现在他的所为（用了二十多年的时间在百舸争流的中国餐饮市场打造了在各个维度上都毫无争议的餐饮第一品牌）和他的所说（眼前的这部立言之作），这也是苏敬轼带给我们的弥足珍贵的财富。因为他用自己的思想和实践，帮助我们更客观地去认知和领悟被我们奉为圭臬的西方管理理论，同时更好地汲取我们中国传统，尤其是儒家思想的优秀养分。换句话说，他用百胜中国的成功故事诠释了企业管理的王道思想，辨析了西方的霸道哲学，这一思想的具体呈现就是面前这本《正路：我在百胜餐饮 26 年的感悟》，它呈现的具体、真实和深刻，对于中国连锁行业的企业家和创业者来说，针砭时弊，切中要害。尤其对静下心来体味其中真味的人，应该有醍醐灌顶之效。

张磊
高瓴资本创始人

苏敬轼先生以多年躬身创造价值的心得体悟，探求管理中第一性原理的科学精神，展示了这个时代中企业家最无与伦比的坚守：面对科技创新与产业变革浪潮，守正道出奇谋，追寻管理本意，不断推动组织进化，持续开发、传递和运用新的 Know-how，从而为企业找到开启未来的钥匙。其深度思考和精彩实践，对当下面临科技、管理变革命题的中大型企业深具启发意义。创新创业筚路蓝缕，读完此书，恰以启山林！

屈翠容
百胜中国首席执行官

此书凝聚了苏先生多年的管理智慧和结晶。在百胜中国的二十六年，他不但是一位领导者，更是一位创始人，他将中国肯德基和必胜客从四家店发展到 2016 年的七千多家店，可谓是餐饮行业的成功楷模。近几年，我们在传承"餐厅经理第一"等企业文化的基础上，设立了百胜新的愿景：成为"全球最创新的餐饮先锋"！如今，各行各业格局变化日益加速，新兴品牌层出不穷，特将此书推荐给有志于打造伟大品牌的朋友们，希望大家从这本融汇中西方管理精髓之书中，获得学习和启迪。

涂猛
中国篮球协会秘书长
中国青少年发展基金会前秘书长

和苏总第一次见面的时候，我还在中国青少年发展基金会工作。百胜中国想与基金会合作，推动"曙光基金"。当时我就觉得这个基金与众不同。之后我们逐年改进，最后形成了一个帮助贫困学子"受助—互助—助人"的成长全过程，造就了不少人才。我也有机会见识了苏总的思考与见识的不同之处。我相信读者如果仔细阅读本书，并且不时复读，结合自己的体会和深度的思考，一定会受益良多。

林宸
复旦大学管理学院副教授、青年研究员

我一直认为一个人最精华、最考究的思想都浓缩在他的文字作品里。苏先生曾执掌全球最优秀的餐饮公司百胜中国26年。在拜读这本书之前,我一直很好奇苏先生的人生智慧和管理哲学中究竟有什么独门心法?

佛家称人得道为"开悟"。不同高人开悟的法门不同,但顿悟的过程大多是只能意会难以言传,若要模仿,只能靠悟。这本书苏总把在企业管理和个人修炼的开悟心得与心路历程写了出来,难得的是他把背后思维的转化过程彰显了出来。同时,他给读者提供了一个思考和管理的工具箱,这些都是真刀真枪在商场上总结出的利器,读者可以从中发现许多宝贝,悟到一些智慧,且行之有效。也许你读完此书,可以体会到一些"夺舍"的感觉,有了新的思考境界,掌握了新的思考方式,做出的决策更高效、更犀利。书中的一些实战管理技能,相信你会得到共鸣并大呼过瘾。

苏总是一位管理者、实干家,也是思想家和终身修行者。他对人性有充分了解,对团队管理有切身体会,对组织变革有深刻经验,对中西方企业文化交融和各种社会现象都有独特洞察。不论是个人发展还是企业经营，读者都可以从这本书里找到你所遇到的问题的答案。作者有着工程师特有的严谨和求证精神，以及实干家的扎实和思想家的深刻，从管理者的高度来给你一个全新的看待问题的思路。

读者朋友可以用与书对话的方式进行阅读，在阅读的时候向自己提一些问题：这里所写的内容，如果是我要怎么考虑？我符合哪种情况呢？这个情况下我可以怎么去做？再结合自身情况，对书中内容进行思考后，请不要忘记学以致用。请与苏总共同完成举世无双，专属于自己的经验总结，培养独属于自己的 Know-how。

目 录

大道至简 一以贯之

如何读这本书："道"与"术"

壹　成功的正解：坚持正路

1 求仁得仁——成功的另一种定义 /3

　　百胜中国的成功定义 /5

2 老祖宗走过的路，似乎不太合宜 /7

3 你学过的成功学 /9

4 极简算法——成功是有公式的 /11

贰　成功的误区：不谈歧途

1 都想做好，却事与愿违，必有其因 /15

2 现代管理理论的大缺失：不谈歧途 /21

3　为什么忌讳谈歧途？　/23

4　高效决策是成功的关键　/25

5　决策 ≠ 高效决策　/27

6　人在决策的时候会犯哪些错？　/35

叁　高效决策的关键：积累 Know-how

1　何谓 Know-how？　/39

2　Know-how 的重要性　/41

3　百胜中国积累的 Know-how　/43

　　百胜的开发决策　/45

　　百胜的采购　/47

4　真正的 Know-how 并不简单　/49

5　Know-how 具有时效性　/51

　　肯德基/必胜客的定价策略　/53

6　如何建立 Know-how？　/55

　　肯德基开卖中式早餐　/57

　　东方既白卖臭豆腐而不影响其他产品　/59

7　为什么学霸不一定会成功？　/61

8　群策群力，积累 Know-how　/63

肆　自我管理：不仅是一门艺术，还需要技术

1 具备好的决策者的素质 /67

2 坚持凡事务求甚解 /77

3 我们的时间够用吗？ /83

4 时间管理的诀窍 /85

5 提升大脑的决策能力 /87

6 走出误区，方能长远 /93

　克服自己的毛病 /103

伍　学会带人：成全他人，成就自己

1 管理就是"管好自己，理顺他人" /107

2 待人的关键："诚" /113

3 看人看头上三寸 /123

4 传统管理的大缺失 /129

陆　把管理做细：从组织设计到企业文化

1 管理的蓝图：组织设计 /137

2 统一思想，制定好的策略 /153

3 赋予灵魂，建立好的企业文化 /163

4 善用会议，做好决策 /173

5 了不起的"委员会" /179

6 用创新加大引擎力 /189

　　必胜客每半年换一次菜单 /195

7 培养真正的领导力 /197

柒　廓清迷局：跳出林林总总的管理怪圈

1 用人不疑，疑人不用？ /205

2 管理风格的讨论 /211

3 防范踩雷 /227

4 别被新概念搞昏头 /233

捌　看到与看透：在中国做大做强的机会与挑战

1 中国企业崛起的绝佳时机 /243

2 挑战共存，企业发展大为不易 /245

3 开启未来的钥匙：新的 Know-how /253

4 开启未来的关键：Know-how 能否下沉到一线员工 /255

5 首席执行官的责任最大 /257

　　百胜中国如何面对科技革命 /259

如何超越传统营销 /261

玖　职业规划：不是只有一条路径

1 如何做职业生涯规划？　/265
2 以"西游记"打比方 /267
3 不必一定要演男一号 /269
4 找不到"唐僧"怎么办？　/271
5 学会找机会 /273
6 机会最大的是已经有点成绩的新兴企业 /275
7 实在道不行，乘桴浮于海 /277

案例

1 "立足中国，融入生活"　/281
2 "新快餐"的决策 /285
3 曙光基金的设计 /290
4 反思东方既白与小肥羊 /293

总结 /298

后记 /301

感恩的话 /304

大道至简　一以贯之

这世界上大概没有人不想成功，愿意只是庸庸碌碌地过一辈子。很多人非常努力地去追求成功，但成功的几率似乎并不高。我们绞尽脑汁，学习各种成功之道。而各种成功学也随手都是。不管是成功人士的经验分享，或是管理大师的总结，似乎都有些道理，但又有些泛泛。而且各有一套，众说纷纭，莫衷一是。

难道成功术就如中国武术，各个门派都有自己的门路，无人能一统武林？那是否学哪一派也都可以？

我这个人比较好奇，喜欢把事情搞清楚。我学生时期选择了念化学工程专业，学会了理性科学地认识事物和归纳总结。不过后来还是觉得理工科的东西太乏味，与人相关的事情比较好玩，也比较挑战。于是去念了美国沃顿商学院的MBA（工商管理硕士），并且加入了世界最大的快消品公司宝洁（P&G），在那做了六年，可以说是见识过世界第一流的管理理论与实践。

我年轻的时候也曾试着去学习各种不同的成功法则,看过不少成功学和管理的著作,也试着去比较它们之间的差异。看着看着就有了些体会。

但我最重要的人生感悟,还是我在百胜(Yum! Brands)的经验。1989年我加入当时百事旗下的肯德基公司,负责亚太地区的市场行销,同年年底,因缘凑巧兼任中国肯德基的总经理。从4家门店开始做起。1992年邓小平南方谈话以后,中国迎来了全面开放,我也就放开手脚,扩建团队,打造品牌。到2015年我退休时,百胜中国(包括肯德基、必胜客等品牌)已经是**中国最大的餐饮集团**,总店数超过7000家,**远远超过了麦当劳等其他竞争对手**。

肯德基的成功当然是借了中国改革开放的东风。但能够大幅超过同样借东风的竞争对手,就表示我们还是有些突出之处。而且相对于我们美国总部的业务,百胜中国的优异表现更加说明中国团队的成果来之不易。如果你去过美国,比较过中美两地的肯德基或必胜客,就会发现同一个品牌在两地的差别巨大。

2016年，由于中国业务占全球百胜收入比例太大，在股东强烈要求下，百胜中国从全球拆分出来，成为一家独立的上市公司。这在中国的跨国公司应该还是第一家。

事实上百胜中国的管理早已几乎独立于全球百胜。不仅旗下的品牌内涵早早远远超过美国，供应链也已经自给自足。所有的功能，不论是开发营建、IT数字化运营，还是其他，百胜中国全都重新打造过。不但营业额高、利润率更是好，商业模式可以快速复制。所以百胜中国旗下餐厅数量尽管已经遥遥领先，但还可以继续不断地快速发展，保持每年开出800家以上新店的速度。

我从1989年到2015年这26年间，作为百胜中国团队的队长，与我的伙伴们共同打造了百胜中国，成为中国餐饮业的超大企业，并且基础稳定，到今天还有巨大的发展空间。这是一个非常值得自豪的经验。

这个难得的机运，逼着我去面对各种挑战。所有我以往学到的理论都被拿出来检验，还要不断地学习。就是在这样的过程当中，我逐渐体会到了成功的法则。自己有心得了，就开始教给团队成员。同时**改变了以往传统的工作方式、方**

法，而且能够快速有效地做出成绩。

这本书就是我带领百胜中国团队 26 年的心得归纳。因为这是我关于百胜中国的第一本书，大家的本能反应都以为这是一本传记。也许读者希望看到当年我们披荆斩棘、乘风破浪的故事，也许希望读到那些年惊心动魄危机的幕后种种，但这本书不是。茶余饭后的谈资固然更有市场和话题性，但曾经带领了这么一个优秀的 42 万人团队的我，希望留下一些更有价值的东西，给到有缘的企业和管理者一些思索和启发，这才是我伏案创作的初衷。

回顾百胜中国这 26 年来走过的路，一言概之：成功其实并不复杂——大道至简，一以贯之。只是很多时候是我们自己把事情搞复杂了，甚至正路不走，误入歧途。

如何读这本书："道"与"术"

在我看来，绝大多数经管类书籍所讨论讲述的都偏重"术"。有的作者介绍自己的经验，有的作者总结自己的研究心得。多半作者着重分享一些有用的管理经验和手段，比如某几个重要的领导力，或者是沟通的技巧，抑或是好的习惯等。而买书的人也似乎习以为常。如果一本书能给自己一些启发，学习到一两个有用的"点"，就觉得书买得很值。当然这样的书是有益的，因为我们可以学习到一些有用的知识和技巧。但这里需要提醒一点，只是**单有"术"，而无"道"**，会让我们"只缘身在此山中"，却"不识庐山真面目"。招式学了不少，但打不成一套有效的连环拳。当碰到问题时，只会头痛医头，脚痛医脚，这在实际工作中是大忌。

所以这本书主要谈"道"——成功是有"正路"可循的，而且并不是太难。当然走这条"正路"需要各种"术"。

但这些"术"太多了，不可能全部拿出来讨论。这本书中，我会把我认为**一般人比较难学好、观念比较模糊不清的，或者是我独创的一些"术"，做重点分享**。一方面，我希望强化读者顺道而行的信心与能力；另一方面，希望减少读者误入歧途的可能，甚至对某些人也可能是迷途知返。

即使如此，当你初读这本书时，可能还是会觉得都是大道理，太言简意赅、意犹未尽。"为什么不提供一些更详细的场景？""为什么不直接告诉我应该怎么做？"……因为走向成功的路不是做加法、减法题，套进公式就可以得到你想要的答案。正如后附的这张图表，这本书希望引导你懂得思考，自我修行，打造团队，积累Know-how，做好每一个决策，走上通往成功的正路。顺便提一句，本书会多次出现Know-how一词，可以理解为"门道"或"诀窍"。第叁章有专门论述。

大道至简

一以贯之	修身养性	修炼自己，学会待人 ↓
	齐家治国	打造战斗团队 ↓ 积累 Know-how ↓ 做好每一个决策 ↓
	平天下	成功

壹

成功的正解：坚持正路

1 求仁得仁——成功的另一种定义

凡事都应该先定义清楚。让我们先搞明白什么是成功。

我对成功的定义是"求仁得仁"。每个人对成功的期望未必一样。不管你期望的是什么,做到了就算成功,不必随波逐流。世界上有成功的父亲,成功的教师,成功的行业达人,他们不一定都是首富、都是首席执行官(Chief Executive Officer,CEO)。不必艳羡他人。

虽说如此,多半人还是希望能"做大事"。那种只会"赚大钱"的,往往都是退而求其次。虽然做不了大事,但至少赚了大钱,也是成绩的一种。只是在他人眼中,嫉妒有余,尊敬不足,含金量不够。自己也是心虚的。

什么是"大事"呢?其实古人早就告诉我们了:立德、立功、立言(三不朽)。做别人做不到的事,而且是好事。在自己往生之后,还能被人称颂的事。做人不过如此。

西方对人的欲望和需求，也有很详细的研究。著名的马斯洛需求层次理论，相信大家都听说过。最高的层级，他称为自我实现的需要，就是"天生我材必有用"，不要枉然过了一生，总是要能留下一些自己的成绩（Legacy）。

你是否曾经每隔一段时间，就好好想想自己对成功的期望是什么？企业或团队，也应该有自己对成功的定义。不管是愿景还是使命，都是差不多的意思。

目标的明确其实很重要，因为将来在做决策的时候，向左转还是向右转往往就要靠这个来打破僵局了。

百胜中国的成功定义　　分享

我是 1989 年开始领导百胜中国团队的。坦率地说，一开始我的工作重心并不在中国（我当时兼任亚太区的市场行销。中国四家店的规模，小得不能再小）。直到 1992 年春天邓小平南方谈话，中国真正打破思想禁锢，我才全心投入中国市场的发展。到了 1997 年，中国肯德基已经初具规模，团队成员急剧增加，我决定好好务虚一下，带着大家搞清楚团队的任务。

我们不能只把自己看成美国公司的分公司，执行全球的策略。中国将来必然是全球最重要、最大的市场，中国的消费者也不会全盘接受美国那一套，必须有自己的目标和理想。在大家的参与下，我们定义了希望的成功：

顾客的最爱：做品牌就必须得到顾客的认可。自嗨没什么意思。

领先的市场地位：要做就要做最大的。一时一地的成功没什么了不起。

关爱成员的大家庭：做个有爱心的企业，不做吸血鬼。与员工、合作伙伴和所有人一同成长，一起实现自己。

最佳的投资回报：不能只知道花钱买流量，冲店数。必须让投资者乐意支持我们的发展。

然后加一句："**要成为全中国乃至全世界最成功的餐饮企业**"。

你呢？你的团队呢？什么是成功？

2 老祖宗走过的路，似乎不太合宜

人类几千年的历史，当然研究过如何成功这件事。

只是如果我突然问你，老祖宗教过我们什么方式能获得成功，你可能一下子答不上来。

封建时代，成功的路不多。如果不是皇亲国戚，除了当兵打仗，在乱世建功，基本上就只有"学而优则仕"这条路。尤其八股取士，那就是把四书五经念得滚瓜烂熟，学会高谈阔论，半部《论语》治天下。不入流的就学点《厚黑学》，利用各种手段，争权夺利。好的皇帝，还可能让老百姓安居乐业；差的皇帝，那就误国误民了。这样的体系，拿不出什么太好的成功案例，最多是出些忠臣良将，再就是舞文弄墨的大诗人、富甲一方的商贾。

正因为如此，旧中国故步自封，没有跟上时代的进步，错过了工业革命、自由市场、政治体制等一系列变革。

所以老祖宗的那些格言，什么"修身养性，齐家治国，平天下"，但又似乎与现代社会的成功学谈不到一块去。我们现在谈《易经》，学佛经，似乎更多的是为了调整自己的心态，利用老祖宗的智慧，更好地接受新的现实。很少有人在这里面能找到成功之路。

与之相比，西方的企业管理和领导统御的理论就更有市场了。

3 你学过的成功学

我相信你一定学过一些如何成功的理论。至少也从小被教导过"失败乃成功之母"之类的话。各种心灵鸡汤可能也被分享了不少。

我们古人诸子百家,有各种立志修养的言论,好像有点太过书生。这些思想,还是让路给新的西方管理思潮吧?旧中国会落后,也因为没及时"换"脑袋吧?

因此,我们努力学习西方的成功理论。它们有的比较励志,教你如何挖掘自己的潜能,提高自己的水平;有的则是探索成功人士的经验,在里面寻找终南捷径。后者有的是比较学术性的研究,试着在成功案例中找出一些规律,有的则是成功人士总结的个人心得。总之,这种想帮你成功的书,汗牛充栋。如何带领团队当然也是成功的要素,各种领导统御的理论也是五花八门,而且每个人强调的还都不尽相同。

这类书相信你也看了不少，还参加了一些讲座，甚至还认真地去上课，念了一些相关的学位，拿了一些文凭。我这么喜欢研究的人，当然也没少做功课。不少理论都去了解了一番。我不能说各家之言没有道理。每一种理论和经验都有一定的依据，也都有些启发性。

但都有道理就代表都不是全貌。众说纷纭，反而莫衷一是。难道成功学就像武林功夫，各门各派自成一家？那我们该学哪一家呢？还是大家都是盲人摸象？

不是说"大道至简"吗？是否有方法可以理顺这些糊里糊涂的概念？

4 极简算法——成功是有公式的

首先声明,有公式不代表成功是完全可以预期的。很多成功还是有运气的成分。有的人时来运转,有的人时不我与。只是运气到底不是我们可以掌握的,而且一时的运气不能保证长期的成功。所以按部就班、稳扎稳打还是最有把握的成功方式。

说穿了你可能会嗤之以鼻:就这么简单?

成功的公式就是这么简单:

$$成功 = \sum_{n=1}^{N}(决策质量)_n$$

这个公式不难,大家应该看得懂。简单地说,成功取决于我们一路上(一段时间)所做的**决策质量**。同时,**数量也**

是一个因素（N应该越大越好）。如果一个人（或一个群体）高效率、高质量地一路做决策，成功的概率就会高，反之亦然。

这个道理应该是非常浅显的，而且是很难辩驳的。

如此说来，**成功学就是学会如何又快又好地做决策**，那为什么那么多人还要研究成功学，要学习领导统御和经营管理？

因为**做决策说来简单，其实不容易**。后面我会慢慢分析。

贰

成功的误区：不谈歧途

1 都想做好，却事与愿违，必有其因

这么多的人努力学习如何成功，买书上课，拜师学艺，进大公司拼命，却往往越学越迷惘，这是为什么？

我虽然一般不太接受邀约，但偶尔也因为与邀请单位的友好关系会去做演讲。我喜欢留下时间与听众互动，可以更直接地讨论大家关心的议题，其中很多问题都是关于百胜如何成功的经验。我也很坦率地分享自己的心得。但大家往往都认为我的答案太简单了。比方说，对于"为什么美国总部允许我们做这么多的本土化的决定"这个问题，我的答案永远是"一方面是美国自己没有做得很好，另一方面是我们有令人不得不服的成绩"。当大家发现其实也没有什么终南捷径的时候，就有些失望了。

但人生确实如此。

那么问题来了。为什么大家知道没有捷径，却还在努力寻找捷径？

因为坚持正路并不容易。以百胜为例，美国总部其实也没有那么容易放手，那么放心让中国团队自己做决策，但难不代表没有机会。天下事没有一蹴而就的。我们的自主权也是逐步争取来的。

我的观察是**多半人没有坚持，反而渐行渐远**。还有一个要命的原因就是**自己常常犯错，欲速则不达**。

这些都是人的缺点。我们**学习正路固然重要，但如何不入歧途往往更重要**。

成功不难，成就"大事业"难

求仁得仁就是成功。如果你求的不多，成功相对容易一些。**所以如果不贪心，认真做个某领域的达人，也是可以获得蛮值得骄傲的成就。**

但如果你**想成就大事业，可能就没那么容易了。**正如古人所言："天将降大任于斯人也，必先苦其心志""不经一番寒彻骨，哪得梅花扑鼻香"……

现实中确实也是如此，而且"寒彻骨"还未必可以"扑鼻香"。多少首富新贵，眼看他起高楼，眼看他楼倒了。小时了了，大未必佳。多少创业公司，红极一时，最后也没做成百年霸业。就连称雄一方的跨国大企业，也往往难以为继。已经相当成功的人士和企业都可能随时陷入困境，原来赖以成功的模式突然有一天就不行了，那我们这些去模仿的还能有多少信心？

像我这样在世界一流的跨国公司做了几十年，又看了太多公司的发展后，是可以看到各种问题的。最为人诟病的就**是普遍的大公司症**：要不企业内唯 KPI（Key Performance

Indicator，关键业绩目标）为首，政治互斗，抢山头；要不就是决策慢而低质，造成士气低落、等因奉此。有些人不信邪，换公司、换老板试了不少，结果也都差不太多，慢慢地也就为五斗米折腰，做一天和尚撞一天钟。

国内一位本土企业家曾在演讲中说他把集团员工送去最好的商学院，回来都变笨了。采用了跨国公司的一套管理方法，反而忘了生意怎么做了。照他的说法，我又读了MBA，又进了跨国公司，该是无可救药了。我不怪他会这么想，因为我们学的这一套，的确有些硬伤。

为何成就"大事业"那么难?

这么多的人努力地去学习如何成功,买书上课,拜师学艺,进大公司拼命,不都是希望决策能力可以越来越强吗?照道理讲,假以时日应该可以得心应手、事半功倍。

但结果往往并不能令人满意,甚至错误连连。时间花了很多,精力投入不少,却达不到理想的效果。这么大的落差,到底问题在哪里?而且事业越大,公司越大,似乎越难快速高质地做决策。

当然我们可以怪环境,怪别人,让我们有志未伸。但以我的观察,固然伯乐难求,龙游浅水,让我们无法大展拳脚,可是很多时候我们自己也没做好,不能只责怪别人不愿给你更大的空间。所以问题来了,为什么人人都想努力做好,却做得事与愿违?

我在学习如何带领团队的时候,发现大家都想让自己的决策能力获得很大很快的进步,但竟然找不到一本**专门讲如何做决策**的书,找到的都是如何解决问题等类型的书,同时也没有这样的训练课程(也许是我没有找到)。因此大家做决策的方法五花八门，各有千秋。因为大家的思考方式都不一样，也就各言尔志，各说各话。最后做决策，往往不是一言堂，就是折中妥协。既不能服众，也谈不上高质量。在争论的过程中还常常大伤和气。

我是学工程的，凡事讲究方式方法。到了商业领域，才发现大家很少谈科学的决策方法，而是还在用比较情绪的方式做决策，十分可惜。

2 现代管理理论的大缺失：不谈歧途

我们现在努力学习的成功学，都是教大家如何努力，学习各种知识，提高自己的能力。还有各种心灵鸡汤，鼓励大家积极进取。仿佛拼命向前，就可以美梦成真。

但事实上**我们最大的敌人永远是自己**。个人如此，团队也是如此。

人类几千年的文明，对人性的理解，其实是有所了解的。我们都有向善之心，但也恶习难改，不知不觉就犯错了。西方谚语"To err is human"就是"是人就会犯错"。所以我们再努力，也常常成功不了，因为都走到歧途去了。

公司也是一样，有时更容易走入歧途。一家好好的公司，却屡屡犯错，轻则错失良机，重则伤筋动骨，甚至一蹶不起。

心理学家对人类的不完美，是很清楚的。但一般研究成功学的，不管是专家学者，还是成功楷模，往往讳言"歧途"。仿佛成功是信手拈来的。

据我观察，我们不成功的最大原因，就是自己经常犯错，浪费了时间精力，甚至还给自己捅刀子，往坑里跳。这样想成功都难。

往往带头往歧途里奔的不是猪队友，而是自己。

3 为什么忌讳谈歧途？

其实人类性本善还是性本恶的问题早就很清楚了。**我们都有向善之心，但也都有些劣根性。**中国文化、西方文明都有很久远的认识。

中国人本来很讲究对自己的检讨和督促，一定要"吾日三省吾身"，要"克己复礼"。相互之间也要"忠言逆耳""友直，友谅，友多闻"。东方的宗教更是明确地要求信众"清心寡欲""暮鼓晨钟"，甚至要"当头棒喝"。传统的教育方式更是"不打不成器"，家长或老师看到孩子坏的苗头，当下就要严管。

但曾几何时，这种负面反馈（Negative Reinforcement）在社会上越来越少。现代的教育理念受西方的影响，已经变成一面倒的只能给正面反馈（Positive Reinforcement）。只能鼓励，只能赞赏。小孩子的弱小心灵，要小心保护。小孩如此，大人的尊严更是碰触不得。听到、看到什么不当的言行举止，大家都十分自制，不大会去指出来惹人讨厌。大家都觉得"大德不逾闲，小德出入可也。"犯大错，自然有法律和道德的制裁。决策上的失误，大家都会犯，就别计较太多，这样显得自己咄咄逼人，不受欢迎。

在这样的环境中长大，习以为常。如果谁要是讲话让自己觉得有点丢人，就听不下去。先不管对方对不对、有没有道理，这个态度就已经不能接受。

想想自己是否也很会明哲保身、不想得罪人？自己是否也脸皮薄、容易受伤，很难虚心下来？甚至对自己的缺点也是得过且过，不愿意面对或改变？负面的话的确没什么市场。**但如果大家因此不能认识或面对自己的缺点，改正自己的缺点，那该如何进步？这种情况下做出任性马虎的决策，如何能成功？**

貳　成功的误区：不谈歧途

4 高效决策是成功的关键

你是个高效的决策者吗？我们每个人都经常做决策。走到现在这个地位，决策质量应该不差吧？但**有多大信心敢讲自己做决策高效呢？**我们周遭又有多少人可以称得上高效的决策者呢？

就算个人能力不错，一个企业要成功，还需要每个成员都知道在自己的岗位上如何做好决策。不但如此，还需要大家善于团队合作，一起把很多必须共同做的决策做好。但人一多往往就人多嘴杂，众口难调。**如何让团队成员都会做好决策？**

为了帮助团队成员学会科学的决策方式，我决定挑战自己，试着设计了一个课程，我把课程的名称定为"**运筹帷幄，当机立断**"（Make Better Decisions，MBD），规定公司所有中层以上的管理人员都要上课。原谅我老王卖瓜，这门课对公司的作用还是很大的。

这本书的内容某种程度上就是这门课的精简版。

判断的标准很简单。当你读完这本书，开始使用书中学到的东西的时候，问问自己，你（和你的团队）的决策能力是否有所提升？更重要的是，你是否对如何迈向成功有更清楚的认识，而且对自己的方向有信心？

5 决策 ≠ 高效决策

我们每个人每天都在做决策,可以说非常熟练,熟练到都不太思考做决策应该有哪些步骤,大概都依据经验快速地"处理"。凡是自己觉得效率蛮高的,在我看来,往往都有不足之处。

试着问问自己,是否真的可以每件事情都做得完整无缺?

绝大多数的人过半时间其实是没有什么生产力的——因为多半的事情,都不能一次就做好。有人统计过,多数的人把七成以上的时间都花在补救(Re-work)上。因为第一次做决策的时候漏了,必须花时间去补漏。例如,讨论的时候忘了请某人,或请了没来;讨论的时候没搞清楚状况,决定做得太快;没想到其他很多因素,或者还有别的方案;讨论的时候顾虑太多,做了一些妥协;不知道合作方其实可以做得更多、更好等。林林总总的原因不胜枚举。总之，就是没有一次就把事情做对的。

这种挂一漏万、欲速则不达的情形频频出现，最终都反映了我们决策品质的粗糙。

的确很多决策毫无重要性，也不需要花太多时间。但如果每件事都"谋定而后动"，**凡事多个心眼，想清楚再决定，还是比较妥当的习惯**。尤其当面临重大或有着深远影响的决策时，更应该如临深渊、如履薄冰。

好的决策不可以率性为之。适当地利用正确的决策流程，一步一步地检视，还是非常有必要的。

决策的步骤

一般而言,我们决策的步骤如下:
- 摸清状况;
- 明确目标;
- 提出对策,最好多做几个方案;
- 对方案的成功机会和预期后果做预测;
- 选择最好的方案;
- 做出决策。

没有什么意外和了不起的地方吧?但仔细想想,自己有没有很扎实地去做呢?过去不太成功的经验里面,是不是漏掉了什么或是哪一个步骤做得不到位?

据我的观察,**绝大多数的人都做得很马虎**。往往问题还没搞清楚,就已经给答案了。而且越是资深的人对自己的答案越是有信心。多年老法师,信手拈来,太多的步骤都省略了。表面看起来帅呆了,但未必是好事。正因为如此,给了肯认真思考决策的人一个机会,直道超车,甚至后来居上。

不要太相信自己的直觉,更不要自以为经验老到,什么事都可以判断得很精准。有些人的确很厉害,任何事情都能很快地抓到重点,还能给出好的解决方案,令人由衷羡慕。但这些人往往都是练了几十年的本事,平常就已经对事情观察入微,对各种可能也都有很好的预判能力。可以说已经掌握了窍门,可以快速地走完所有的步骤。我们要学的,就是这种扎实的基本功,而不是信口开河的轻率。

决策的时机

西方人喜欢说"Timing is everything"(时机就是一切)。决策的时机有时是稍纵即逝的。

我年轻的时候被认为做决策很不爽快,每件事都要琢磨再琢磨,精打细算。但后来就越来越快。有时明明很复杂、重大的决策,我却立马就可以决断。那些喜欢从血型、星座看个性的人都无法解释。

其实一点也不奇怪。我的个性是认真面对问题。不搞清楚事情,绝对不会下断语。但这并不表示我不能或不敢做决定。年轻的时候,每个问题都没经验,就要思考衡量得失,自然就慢了。但时间长了,常见的问题都想清楚了,再出现类似问题的时候,自然就快了。但如果碰到新的问题,还没有相应的 Know-how,我还是会慢下来。

这才是我们应该有的态度,**对决策的质量负责**。尽量**提升自己可以快速回答各式各样问题的水平**。这样就可以加快速度。

绝大多数的时候,决策都是越快越好("天下武功,唯快不破"有一定道理）。**碰到瓶颈阻碍也应该全力快速突破，不要老是把"再想想"挂在嘴上**。有时当场拼一下，五分钟就可以想通的事，就应该拼一下。不要等会散了，Know-how拥有者都跑了，猴年马月才有下次机会？打铁趁热，说的就是这个道理。

也有的时候，决策的最佳时间点未到，那就先按兵不动，或者做一些技术处理，争取时间，这也是决策的一部分。其实，带兵打仗很有讲究的。

决策的起与合

决策由起与合两个阶段组成。

起的阶段,最花时间和精神。要搞清楚状况,要做各种调查研究,要搜集前人的最佳案例,还要思考创新的可能。最重要的是还要集思广益,征求不同的意见和方案。合的阶段,就是对不同的方案做评估,然后做出决定。

最常见的误区,就是太快进入合的阶段。提案的人或团队,一心只想表现自己,快速给出答案,巴不得所有人都鼓掌通过,根本不想听到不同的声音。谁要是摇他的船(Rock The Boat),就是跟他过不去。往往急着辩解自己的提案,搞得大家都不愿出声。反正决策错误,掉的不是自己的脑袋。

其实真的不要着急走"合"这一步。合就是一念之间的事。哪怕已经到了比较方案的阶段、赢家眼看都要浮出水面了,但如果有别的更好的想法,也应该允许推翻重来。只是多半人缺乏这种耐心或决心,差不多就偷懒了。

我对团队说得很清楚。我的想法永远只是我的分析,不代表对错。任何人都可以挑战。任何人(包括我)的决定也只是代表依据当时的信息，挑选出来的结果。任何时候（包括已经开始执行）如果发现信息有问题，都可以随时推翻。这不涉及面子或威严的问题。

我们应该永远保持开放的心态，永远在起的阶段。只是到了应当合的时候做个决定而已。

贰　成功的误区：不谈歧途

6 人在决策的时候会犯哪些错？

人会犯的错太多了，大错小错而已。但日子久了就麻痹了。我们都多少学会了自我保护，会把自己的一些"毛病"解释成自己的"个性"："我这个人就是急性子""管不了那么多了""我就是有点大而化之"等。

多半人这时会觉得我也太吹毛求疵了吧？的确，谁没有点惰性？谁没有点毛病？

但是如果养成了坏习惯，经常随意而为，没有**戒慎恐惧地去做决策**，就可能错过好的机会，甚至积小错为大错，一失足成千古恨。

在市场竞争中，往往不是一百分赢零分，而是九十分赢七十五分。哪怕做不到完美，但是只要积小胜为大胜，就可以完胜对手，成就霸主地位。

所以说主动**对自己要求高一些，每一个决策做好一些，**

才是成功的不二法门。

接下来我会进一步分析如何做好决策,也会指出常犯的错误,或容易错失的机会。希望大家都能在正路上快步奔驰,莫入歧途。

至于错误的种类,那就多如牛毛,不胜枚举了。到后面你会明白的,都是人性作祟。你容易犯哪类错误,就需要靠你自己去思考、去检讨了。

就算个人修炼得不错,团队成员也可能犯错,甚至拉着大家犯错。所以你不可以独善其身。

你如何帮助团队不犯错,并给予他们需要的指导,这点很重要。

叁

高效决策的关键：
积累 Know-how

1 何谓 Know-how?

其实做决策是否快和好，关键在于有没有 Know-how。这个词不易翻译成中文，有点"门道"或者"诀窍"的意思，就是**还没做就知道会有效的知识**。

现在是信息爆发的时代，每天不同的渠道都有各种报道，我们很容易获得林林总总的信息。数据获取也比以前容易，而且数量可观。可以说我们生活中处处是信息，但是这些信息往往并不可靠，也并不全面。

比信息好一点的是一些经过整理的知识。有人会花时间精力把好的数据和信息加上个人的解读分享出来。或许是文章或书本这样的文字，或许是演讲上课这样的口述，又或许是我们去请教别人，挖出来的干货。这些经过整理的知识，常常可以起到很大的作用。当然，别人讲的不见得都是对的，还是需要我们小心地去辩证。

我们在管理上很希望能拿到别人好的经验来解决自己面对的类似问题。这种对标的努力是非常值得鼓励的。但是这样的知识，还不能称得上 Know-how，因为少了一个完全内化、成为自己能力一部分的过程，还不能保障我们决策的品质。

成功的关键是高效的决策。而是否有 Know-how，又是决策是否高效的关键。所以我们有多少 Know-how，就成了我们有多少成功率的关键。

我们每天工作的目的可以简单地总结为：积累 Know-how，然后运用 Know-how 做出决策。

2 Know-how 的重要性

我以前在学校学的是化工专业。除了学些物理、化学之类的课程之外，我们还要学如何盖工厂。

盖化工厂不是开玩笑的。每一个设备，包括管线的设计和流量的大小，如何配套，都必须非常精准。投资浪费或是建厂失败还是小事，出了安全事故就不得了了。所以盖工厂之前，一定要掌握 Know-how，绝大多数要花大价钱去买。如果没有十分的把握，这个决策是不能做的。

同样盖一个工厂，一百吨产量的工厂和一万吨产量的工厂完全不是一回事。这其中涉及的专业技术完全不同。如果只是把一切事情乘上一百，是要出大问题的。所以一定要做大量的实验和论证。这是每个工程师必须具备的素养。

等我转换跑道做了企业管理，发现这种讲究 Know-how 的精神和习惯，并不常见。很多决定似乎都是拍脑袋决定的，缺乏严谨的论证和实际经验的支持。或许商场如战场，大家没时间想得那么仔细。但是多半的人学文科出身（无意贬低文科生），缺乏这样的训练与认知，或许也是原因之一。

可能受益于工程背景，我在做决策的时候，非常重视决策的依据是否可靠。很多夸夸而谈的美丽愿景，都会被我挑战。对方必须讲得出道理和依据，否则被我驳回是常事。

尤其像我们这种餐饮品牌，任何人都可以自由发挥，拿出自己的见解或主张。那到底哪个见解或主张才是最实际有效的？又怎样才能减少决策的随意性？

3 百胜中国积累的 Know-how

我从四家店开始，带领中国团队，历经 26 年，不断打造自己的 Know-how。我们所有的部门都经过许多次的检视，不停地重新定义自己的角色和工作方式。每个部门都要求必须达到世界一流的水平，甚至要独立创新，做到世界第一。

我们的餐厅运营体系，当然是最重要的。百胜中国现在有一万家店，而且主要是直营店，是全世界最大的餐饮管理体系（美国麦当劳几乎全部是加盟店）。

我们对每一个职务的分工和如何培育考核管理人才的规划是非常科学的，保证了每一家店都能很好地为顾客服务；

我们的开发系统，是世界上最科学可靠的体系之一。每年开出千家左右的新店，而且基本上都是赚钱的好店；

我们的新产品开发更是强项。每年都有大量的新产品推出，让品牌生机勃勃；

我们的供应链非常强大。可以支撑我们的各种需求,还非常高效,让百胜的产品价格具有竞争力;

百胜技术也是非常强的。不管是消费者的互动,还是体系的数字化,都有自己开发的系统。各种先进的算法和运用,百胜始终处于前沿。

这些还只是看得到的强项。事实上每一件事,百胜都有很多独到之处。

百胜的开发决策 分享

我开始管理中国业务的时候，由于缺乏经验，就让各个市场总经理自己主导开店的决策，我一般是橡皮图章。反正他们（多半都是中国台湾麦当劳的大将）都比我懂。我是要人给人，要钱给钱，以为应该没问题。没想到开出来的店并不理想。拿不到商圈里最好的位置，品牌得不到最好的展露，甚至还开出绩效不好的店，给团队制造了很多困难。

后来我才发现，开店其实是一门大学问，而绝大多数的人都没有搞清楚，只会被动地看有什么机会就开什么店。为了达成指标，往往饥不择食，这样一来错误就造成了。

我后来决定带头建立自己的 Know-how。我们成立了一个开发委员会，每两个星期花一天的时间审议所有的开发决策。利用每一个不同的个案，搞清楚我们的总体策略（城市规划、商圈进入和选址）和具体决策的准则（店铺大小、投资规模、设备标准等等）。除了对个案进行审批，更重要的是建立清楚的游戏规则，让开发人员知道如何按照策略主动出击，拿下重要的关键店址。随着 Know-how 不断的建立和完善，我们开出来的店，不仅投资回报好，而且由于分布合理、店面位置和形象好,让消费者对品牌产生了好感,而且方便顾客在需要的时候光顾,他们自然也就登门了。

开发本来是麦当劳的强项。美国麦当劳常被称誉为地产开发的先行者,但在中国我们的开发能力完全不输。在二、三线以及更下沉的城市,由于我们的提前布局,往往等麦当劳等品牌进入的时候,我们已经有备无患。肯德基能够领先麦当劳多一倍的店,跟我们开发的能力有很大关系。也因为我们有着强大的开发能力,一直到现在,百胜还是能每年开出接近1 000家的新店,保持市场领先的地位。

百胜的采购　　　　　　　　　　　分享

百胜在供应链管理上有许多 Know-how，这里重点分享一点。

一般企业的采购，不外乎是在市场上选择有资质的供应商，然后通过各种办法试着压低价格。同时也担心供应不能保障，所以也不敢压得太狠。尤其像我们餐饮业，要保障食品安全、质量稳定，更不敢随意更换供应商。美国麦当劳是第一个利用工业化大量生产食材的企业，从一开始就只用指定的供应商，把生产的任务完全交付给他们。只是每年做一次价格谈判，基本是成本加固定利润。因为营业额大，大家利润都不错，长久合作就可以把竞争者排除在外。

百胜的做法则完全不一样。我们没有现成的供应体系，工业化程度也没这么高，因此我们必须自己打造。

我为此也跳了进去，和团队一起研究，把各种难题都找了出来，最后创新设计了我们自己独一无二的体系。依据每一个采购品项的特性，决定采购的方式和定价的频次。最重大的决策是坚持每一个品项都必须有两个以上的供应商相互竞争，但竞争是非常合理和有序的。很多人想到竞争就是竞标，谁出价低就得标。殊不知竞价的方式非常多。2020年诺贝尔经济学奖的获得者保罗·米尔格罗姆（Paul R. Milgrom）和罗伯特·威尔逊（Robert B. Wilson），就是因为对竞价制度的研究而获奖。而百胜当年就曾经对此做了大量的论证，并发展出一套竞价的规则。有了好的游戏规则，我们团队的角色就不再是供应商的对立面，而是公正的裁判，并且是尽力帮助他们进步、协助他们成长的好朋友。事实上，很多供应商都是百胜扶植出来的，成为现在国内数一数二的大企业。虽然成为百胜的供应商必须竞争，但这样可以倒逼供应商进步，而且中标后还可以有更大的成长。

4 真正的 Know-how 并不简单

获得肤浅的知识一点都不难。我招来的台湾地区麦当劳的大将们都有他们自己的一套招法，但实际去做的时候，会碰到很多困难，未必都能做出好的决策。因为现实永远比理想骨感。我们时间精力有限，外部的现实也不随主观的意志而转移，很容易就会屈就现实。中国的城市人口多，商圈复杂，变化又大，房东各式各样，很难用简单的三招两式来做决策。好在当年我及时看出来我们缺乏真正的 Know-how，于是带着团队重新理顺思路，建立了自己完整的准则，同时利用工具和训练，让所有的开发成员可以有效地开出对品牌最大效益的店。

有了好的 Know-how，每一家店做投资决定的时候就非常容易了。找点的时候就已经清楚要的是什么。估算绩效的时候，也基本能准确地预估未来的营业额和成本。达到这个境界后，就可以全力冲刺了。

可惜很多公司对开发的决策逻辑只是一知半解，拿着一些从别家公司学来的工具，依赖少数并不够专业的经理人员，就半盲目地往前冲。品牌认知度高，熟悉的城市或商圈或许还可以，但一旦超出这个范围，就频频触雷，好品牌反而会陷入困境。

有 Know-how 的公司，决策质量就好，成功的机会也就大很多，这个道理应该是很浅显、容易接受吧？**可惜绝大多数公司都不讲这个。**有些公司还误以为自己已经很了不起了，其实不然。

5 Know-how 具有时效性

现代的商业竞争日新月异。过去成功的商业模式，往往是当时大环境下，利用各种红利打造出来的。时过境迁，那些决策的准则已经失效了。此时如果还在固守成规，**不能重新开始建立新的 Know-how，等于是没有 Know-how，甚至更惨。**

Know-how 要求的精准度越来越高。从别的企业招来的所谓专业的经理人往往也不具备真正需要的 Know-how。如果就那几招，未必高明到哪里去。

跨国公司以往很红，三招两式就吃定了。但那是基于过去熟悉的商业模式。中国市场训练出来的管理人员，也常常只是跟着总部决策走，学了程咬金的三板斧，根本没搞清楚来龙去脉。一旦脱离了这个环境，碰上了新的挑战，往往只会怨天尤人，束手无策。

其实就连很多美国公司的总部也是问题一堆。有些 CEO 看起来威风凛凛,但往往就是从一个部门升上来的,只是比同侪略好一些。很多决策也都是萧规曹随,或者想当然,其实是稀里糊涂。

这就是为什么在面临新科技挑战的时候,很多老牌的大公司表现得非常差的主因。也难怪那么多的新贵蔑视传统企业。

所以,再厉害的企业也必须不停地思考,不停地突破自己的过去,不断更新、积累实时有效的 Know-how。

肯德基/必胜客的定价策略　　分享

稍微学过市场营销的人都知道"4P理论"——产品（Product）、渠道（Place）、价格（Price）和促销（Promotion），就是我们做品牌可以玩的四个维度。

价格其实是非常重要的一个维度。消费者的购买欲和价格是高度相关的，经济学里研究很多的也是与价格相关的题目，如价格弹性和供需平衡。一个统一的品牌，却拥有众多门店，该如何定价？定了以后，如果要调整又该如何？卖的品项不止一个，是不是都一起调价，还是部分调价？

中国改革开放初期，国家对价格实行监管。想调价得报批，所以都是统一价格，一次调整。但这种僵硬的游戏规则是不符合市场规律的。后来国家也放开了，由企业自己决定，市场自然会反映能否接受。但一般老百姓习惯了统一价格。如果不同位置的店卖不同的价格，不太愿意接受，所以我们也不能任意调价。肯德基和必胜客初期也是全国统一价格。

随着时代的进步，我们在定价策略上建立的Know-how也与时俱进。由于不同店面所处地段租金等成本的差异，以及消费者消费习惯、需求的变化，我们发现不同商圈、不同店面、不同产品采用差别幅度不太大的价格空间还是有必要的。所以以数据为基础，精密决策哪些餐厅、哪些品项可以上浮或下调价格。同时在推行差别定价初期，大大方方地主动发布新闻向消费者解释背景、原因和具体内容，结果消费者也很自然地接受了。

最近引起热议的电商大数据杀熟，和我上面讲的差别定价不一样。但某种程度上也是利用算法，找出对价格不敏感的客人卖比较高的价格（也可以解释为对价格敏感的客人给以低价）。这是另外一种对价格维度用尽的"策略"，但这种所谓的"Know-how"要谨慎使用，不可以贪心，否则会因小失大。

6 如何建立 Know-how？

我们首先要把已有的知识和经验，以各种途径变为己有。所以我们一定要养成习惯，不停地吸收知识。当然学海无涯，我们不可能全部学过来，但是我们可以先锁定几个领域，钻研进去。假以时日，必有所成。

如果有团队的话，更是可以依赖大家的力量，分工合作，再汇总起来。

现在有互联网，各种信息的获得比以往容易多了。实在没有理由说自己不知如何入手。一旦开始了，顺藤摸瓜，一点一点地深挖，就会发现其实没有想象的那么难。当然，真的诀窍不是肤浅地在网上搜索就可以信手拈来的。甚至拜师学艺、花钱去买都未必可以得到。那需要靠自己去揣摩。

可惜多半的人都没有养成自己学习或研究的习惯。在学校等着老师发教科书和讲义，到公司等公司安排的课程。好像没人指点，就没法子学习。有多少人会自己去买教科书、学习没学过的领域？会自己想办法去找突破点？但其实这一点都不难。很多事都可以自学。

真正能够让自己超越他人的 Know-how 其实是需要一定创新的。我们后面会谈到创新的技巧，那需要更多的知识，甚至往往是不相关领域的知识。触类旁通，才有可能超越现状。

不管怎么样，一个终生学习的基本习惯是必要的。

肯德基开卖中式早餐　　　　　　　　分享

肯德基当年开卖中式早餐，是个重大决策。很多消费者因此对肯德基刮目相看——一个美国品牌居然肯为中国消费者而改变，对品牌的好感度也提升不少。

美国肯德基从来没卖过早餐。最有经验的是美国麦当劳，早餐占了他们营业额的两成左右。卖的主要是夹着肉和蛋的麦满分（Muffin）和薯饼。我们当然可以有样学样，但是有几个大问题。那个年代，中国消费者对麦满分的接受度不高，一是不习惯口味；二是麦满分的成本高。但如果只提供汉堡包又没有特色。还有一个更主要的原因，早餐是中国人一天中最保守的一餐，越熟悉、越便捷越好，天天吃一样的都可以。因此我们决定推出中式早餐，但这对一个西式快餐品牌绝对是一个大挑战。

中国各地的早餐不太一样，但都喝粥，暖胃暖心，又不会太饱，老少咸宜。如果按照麦当劳的思路，走工业化的解决方案，就必然是工厂生产、干燥或冷冻后送到餐厅，再复热后卖给顾客，那么这个粥就又贵又不好喝了。好在我们有自己的 Know-how。我们想到了店里有个威力强大的全能烤箱，不单能烤鸡、烤蛋挞，还能煮粥。经过无数次测试后，研发出粥的烤程，每天晚上员工下班前把米和水准备好，放入烤箱。第二天一早开业时，完美的粥就现煮好了。

后来我们又卖了油条。传统的油条香脆、好吃，但有安全隐患。传统使用的明矾不利于人体健康，于是我们引进了国外（类似的油炸面团产品——Fried Dough）的脆化剂，与供应商一起开发出新的配方，另外也缩小了产品尺寸，更符合消费者对小量的实际需求。安心油条的推出，当时引发了很多讨论，但事实上消费者的确更愿意吃得放心。现在国内大多餐饮品牌的油条都已经采用了这种新式油条技术。

我们每一个新产品，像老北京鸡肉卷、嫩牛五方、葡式蛋挞等，每个产品都让品牌更上一层楼，但也都有许多Know-how在背后。

东方既白卖臭豆腐而不影响其他产品　　**分享**

我得承认自己喜欢吃臭豆腐，各种各样的臭豆腐，尤其是炸得干干脆脆的那种。不管在馆子里还是走在街上，只要菜单上有这道菜，或是闻到它的味道，我就情不自禁，必须点来大快朵颐。

东方既白一开始销售的当然是比较主流的餐品。但慢慢稳定了以后，我就弱弱地问了团队一句："有没有可能做臭豆腐？"当场各种反对（其实有点耻笑）的声音都出来了。最大的理由当然是："那餐厅里不就都是臭豆腐的味道！你喜欢，别人可不喜欢！"

我们的研发团队，早已被我各种奇奇怪怪的想法练到百毒不侵，什么问题都见怪不怪。居然还很认真地把它当成是个挑战，考验自己的本事。

让我佩服的是，隔了几个礼拜，他们居然找到了办法——在松软的臭豆腐外面，又加了一层豆皮。如此一来，炸的时候没什么味道，咬下去却是浓厚的好味道。真是太了不起了。

别小看这个创意，其实需要创新的工艺还蛮多的。我们的研发人员和供应商的技术人员，不知试验了多少次才成功。

而且如何能保障臭豆腐这样的发酵食品的安全稳定，也是不小的挑战。只是一般人没机会见识到。

所以每一个产品后面都有一个故事和很多 Know-how。打造一个了不起的品牌，就是这样一点一点积累起来的。

7 为什么学霸不一定会成功？

正因为 Know-how 的迭代加快，以往的模式不再所向无敌。过去学而优则仕，半部《论语》治天下早就不行了。跨国公司学来的一招半式都已经不稀罕了，何况是讲堂课本学来的死知识？那什么样的人才能真正派上用场呢？

学霸也分几类。有的的确天资聪颖，能举一反三。但也有不少人只是"会考试"而已。把课本读得滚瓜烂熟，模拟试卷做了又做。老师出题的套路都被他摸熟了。这种人进了大公司，还是同一把式。PPT、报告做得漂漂亮亮，老板前辈都伺候得妥妥的。该升职的时候轮得上他，自己也感觉良好。但这些人往往都不是真本事，碰到套路用不上的时候，就胡乱瞎搞了。

自然科学的 Know-how 还有机会在研究室里琢磨出来，企业经营管理就很难在象牙塔里搞清楚了。一个只会照本宣科的学霸，靠着读些成功学依样画葫芦，是很难把本事练好的。一不小心，还会走火入魔。

大公司里有很多招式，其实是些工具，未必都有其必要性和严肃性。但很多人误以为这就是管理，照章办事，搞得鸡飞狗跳，劳民伤财。

真正的 Know-how 不是这样建立的。

很多人小时候不爱念书，成绩不好，甚至连大学都没进，却能打造非常成功的商业模式。**一般的企业其实真不需要火箭科学（Rocket Science）。受过基础的教育加上后天的努力、学习和钻研，是有可能走在学霸前面的。**

8 群策群力，积累 Know-how

每一个能够让自己在行业领先的 Know-how 都需要长期的研究和积累。而且往往需要几个部门的合作，还要靠经验多、资深胆大的人带头，才可能跳出窠臼。一般的企业寄望于少数人或个别部门，在我看来都有点缘木求鱼。

我在百胜的时候有很深的体会。我决心改变传统的管理办法，打破部门的合作方式，为此创立了不同的专题委员会。一方面解决问题，做出决策；另一方面，研究清楚，积累 Know-how。

每一个委员会，都请公司里对相关议题最有发言权的成员参与，固定时间开会，听取部门或项目的报告。在报告的时候，大家就相关的题目讨论，互相交流过去的经验，也探讨改变创新的可能。短期目的，是让每个决策都更妥当；长期目的，则是积累出有用的 Know-how。

这个独创，我认为是百胜能有今天成绩的一个很重要的关键。建议读者思考如何参照。后面在如何做好组织设计（详见第六章）中有更系统的介绍，包括如何利用这些委员会，高效地推进展开我们的工作等。

到这里，"大道至简"已经描述得蛮清楚了：掌握Know-how，做好决策，迈向成功。

接下来，我们就来谈谈"术"：如何让自己走在正路上。更重要的是如何带动他人，建立一支强大的队伍，打造一个伟大的企业。

肆

自我管理:
不仅是一门艺术,还需要技术

肆　自我管理：不仅是一门艺术，还需要技术

1 具备好的决策者的素质

很多人都对自己的工作环境不满意，觉得公司要不就是章法凌乱、决策粗糙，要不就是官僚气息浓重、决策迟缓；觉得自己在公司怀才不遇。但换了几家公司，发现似乎是换汤不换药，还是问题多多。

其实每一个公司或团队都是人组成的。如果没有很好的对策，组织里人性不好的一面没有被控制下来，问题自然就会冒出来。我们学自然科学的人都学过熵（Entropy）的概念，意思是如果没有外力的干预，宇宙的自然规律是越来越乱的。人类的组织也是如此。

我们自身也是如此。如果我们不能时时自己督促自己，由着自己任性而为，各种问题就会随之而来。看看那些纨绔子弟、游手好闲之辈，就知道了。

我常说，公司里没有一个人姓公名司，有的只有我们这

些人。我们看到的问题就是我们这些人制造出来的问题。如果我们愿意承认问题，面对问题，一起去解决问题，我们就有机会越来越好。公司高层固然责任比较大，但如果我们每个员工也一样地随波逐流，甚至以此为借口，允许自己放弃原则，得过且过。这一旦形成文化，那还要怪别人吗？

如果反过来，自己带头推动，大家都愿意秉持原则，把对的事做对，一起努力克服困难，或许能让公司更有机会走上正路。

千里之行，始于足下。**希望别人改变，不如从自己开始**，看看自己能做些什么。尤其如果自己是主管，更要诚实面对自己。

肆　自我管理：不仅是一门艺术，还需要技术

认识自己，修炼自己

前面说过，我们都会有自我保护意识（Ego），下意识告诉自己，自己还不错。的确，我们多半人也知道要经常提醒自己戒慎恐惧。每年新年许个愿望，要求自己减肥、戒烟等等，但到了年末回顾下来，是否真的有很大的改进，还是很难说。

最主要的原因是容易改的早就改了，不容易改的还是没改。

我从来不期望人有彻底的大改变。但我希望能在过去的基础上，强化发展出一些新的强项，补足一些弱项。很多时候有些改变并不难，很容易看到成绩，这样动力就有了，后面继续进步就更快了。

每一个人都应该好好思考自己的风格和习惯，也可以去做些评估（多半大公司都会帮员工做的）。这可以看作一个起点。

然后给自己定个期许，想象一下自己希望留给后人什么样的评价。这之间的差距就是你需要努力补足的地方。

每个人的期许当然不见得一样,但在我的经验里,往往有很多共同点。因为多半正常人的思考模式还是很接近的。会读这本书的人,大家应该有相当多的共通之处。

接下来,我就分析一些常见问题。

严于责己，宽以待人

一个简单实验：一屋子的同事都互相认识。我问大家是否觉得屋子里的每个人都可以被信任，大家都很犹豫，不敢举手。但当我改问大家是否觉得自己可以被信任时，每个人都争先恐后举手了。

这就证明了我们很自然地严于责人，宽以待己——自己的一些小缺点何足挂齿，而别人的缺点可是严重缺陷。

这是人性的一部分，自我保护的自然反应。我们都希望自己没有错，至少别人看不出来，但这不代表我们可以持有鸵鸟心态。否则**大家都得过且过，事情不能被正确、理性地讨论，怎么可能会有好的决策？**日子久了，大家养成了习惯，公司的文化也就形成了。大家都觉得问题在别人身上，自己很好。如果都如此认为，就没有人需要改正，那公司怎么会进步？

如果要避免犯以上这样的毛病，或者希望逆转"病情"，就必须打破这种循环。一定要养成一种**"把对的事情做对的企业文化"**。换句话说，就是所有的人都要服从真理，克服心理障碍，勇敢地面对自己的缺点，开诚布公地与团队合作，做好每一个决策，执行好每一个决策。

老祖宗教我们要严于责己，宽以待人，是非常重要的。我们也要帮助下属，让他们知道自己要改进的地方（不是单单责备），并且帮助他们，教他们如何突破自己的瓶颈。这样大家才能一起进步。

如何克服"懒"?

懒是一种不好的天性,众人皆知。我们唯恐被人说懒,所以都学会了至少表面要装一下。不要晚到、早退,甚至要主动积极,表现一下自己勤奋的一面。

但是我们最需要的不是肢体的勤奋,而是思考的勤奋。每天加班做的PPT,表面上看起来漂漂亮亮的,但内涵未必正确。可惜很多人碰到真正的难题,没有迎难而上,反而借口自己忙,其实是一种逃避。当然也是因为自己没有信心,躲一天是一天。

我一直主张"丑媳妇早点见公婆",**有挑战就要勇敢面对,早点面对**。浪费时间只会让自己更被动,更无法平静地思考。

如果我们懂得好的时间管理,我们会有大把的时间来做有效的思考。良好的思考又会让我们做事有效果,可以省下更多时间。这就是个良性循环。

我是个非常想偷懒的人。但我这一辈子学会了如何**用最少的时间得到最大的效果**。我不但不加班,还经常翘班,或者躲在办公室里睡觉，或者做些杂七杂八的事。能交给别人做的事，我绝对不做。

可是该我做的事，我一定做得比任何人都好、都彻底，一次就做对、做好。我的信念是**"Earn the right to be lazy"——靠努力赢得懒的权利**。

思考勤快，表面上看起来费精力，其实是很好的投资。一次想通了，下次就不必再费神了。

如何抗压？

很多人觉得工作压力大，因此产生焦虑，连带思考也不能冷静平和，影响了工作。我也常被问，"管这么大的公司、这么多人，为什么还能这么轻松？我是怎么抗压的？"

我刚到宝洁德国公司工作的时候，碰上了很严苛的老板，觉得压力山大。就好好研究了一把心理学，搞清楚了心理压力的来源。

其实所有的心理不适，都来自一件事——**认知失调**（Cognition Dissonance），就是现实与期望不符。如果能协调一致，就天下无事。

佛法教我们放下一切，四大皆空，本来无一物，何处惹尘埃。接受自然法则，对他人期望低一些，都是让自己静下心来的好方法。天下事不如意者十之八九，别人的脑袋非要想得不一样，又为何不能接受？

当然也不能总是这么消极。如果问题可以解决，**让理想变成现实，还是最好的解压办法**。

能解决的事情都不是压力。有压力就表示自己的能力还不足。那就好好打造自己的能力，一步一步解决，不必过于惊慌失措。凡事想清楚，找到对策，自然就没有压力了。

至于"天要下雨，娘要嫁人"的事，就由他去吧。何苦杞人忧天，自找麻烦。再不顺心的事，可以自己嘟囔几句给自己听。但是过了就翻篇放下，持盈保泰。

2 坚持凡事务求甚解

既然决策的质量取决于 Know-how，我们就**应该对每一件事仔细思考，直到搞清楚为止**。可惜我们很多人都做不到，甚至养成"何必那么认真"的态度。这个不求甚解的习惯一旦养成，就祸害一辈子。对事情一知半解，做事和稀泥，只求过关，脑子里比糨糊好不到哪里去，怎么可能会有高质量的决策？结果只能妄想"瞎猫碰上死耗子"。

分析下来，我们不求甚解的主要原因无外乎两个：

一个原因是精力不足或时间不够。这是好听的说法，其实就是懒。当然我承认有些高深的学问真不是凡夫俗子可以搞懂的，但多半企业面临的管理问题，并没有那么高深。所以懒不应该成为借口。我们年轻的时候，什么都不懂，但应该养成习惯，一样一样地去深挖、去理解。假以时日，就会逐渐耳清目明，甚至可以做到举一反三、以小推大。

另外一个原因是求甚解的人往往在社交上不受欢迎。老是所谓的"找茬",挑别人说的话里不符合实际、逻辑的地方,这确实不讨喜。不是所有的人都喜欢辩论。学校里的老师不喜欢太聪明的学生、"老学究"是贬义的绰号……都是让我们学会收敛点锋芒。可惜真理不辩不明。如果太轻易放弃,人云亦云,慢慢就进入"不求甚解"的状态了。

这个务求甚解的自我要求,在我看来是做好决策的第一步。

资讯爆炸，却未必有用

我们平常念书读文章、听演讲、学习别人的经验等，都是为将来做准备。养兵千日，用于一时。我们听到的、读到的，都是原始数据（Raw Data），当然可以原样储存起来，但这样做不是很有效。

人脑的储存是有限的，不是所有的东西都记得住。而且人脑的储存是不精准的，还可能不完整，甚至是错误的。更重要的一点，将来需要的时候，我们发现绞尽脑汁也想不起来了。对我们真正有用的信息，应该是**经过我们加工过的信息**。

如果是学英文，不仅要记生词，学它的字根，联系与其相关联的类似的词；要与同义词相比较，知道它们的区别；还要看它的习惯用法……这样日积月累下来，才算把这个词真正纳为己有，以后可以灵活运用了。

我们应该以此为例，养成习惯。**有任何新的信息，都应该去和旧的相关信息进行比较，深入理解两者的同异之处**，然后慢慢理出一些更深层次的认识。这样以后到需要使用的时候，这些较深层、全面的信息就派上用场了。因为是加工过的、属于你自己的知识，自然很容易就可以找到。

满脑子都是未经整理的记忆，只会让人缅怀过去。美则美矣，但没有太多实用价值。**能提高我们决策速度和质量的信息，才是可靠的学问**。有了这些，就不必太有压力。你不需要不停地去强记东西，因为你完全可以轻松地对付眼前的挑战。

但功夫要下在平时，**要不停地去"求甚解"**。

肆　自我管理：不仅是一门艺术，还需要技术

对情况的正确解读

如果对情况判断错误，再好的药方也治不好病。但是病急乱投医的情况还是会不停地发生。不见得是愚夫愚妇，聪明人反被聪明误的情况也多得是。

本来如果能保持头脑清醒，对信息的来源、可信度都审慎判断，先不论能否解决问题，至少方向不会搞错——可惜我们太多人不够冷静、客观，又喜欢从众，人云亦云。现代社会中，各种信息太多，都没有被好好地检验过。许多网红的言论，其实歪门邪道的还真是不少。但凡抓到人一些心理弱点的，居然也有市场。

不要以为被误导是凡夫俗子的专利。其实心理学家有各种实验，证明人类的感知能力很不可靠。

有个测试，估计大家都做过。如下图所示，这张图片有人看是老太太，有人看是少女。如果我们一开始觉得是老太太，我们的脑子就开始搜寻记忆中的数据，比对眼前的景象，然后越发肯定是老太太；反过来，如果一开始觉得是少女，就会搜寻数据证明她就是少女。事实上两个图像同时存

● 图片摘自网络

在。就看你是否愿意去寻找。

我们可否训练自己保持警觉，不要轻易地人云亦云？不管第一时间看到的是老太太，还是少女，应该要求自己继续观察，直至看出全貌。

3 我们的时间够用吗？

很多人天天喊忙，觉得时间不够用，关键还是效率不高，因为多半的时间都被浪费掉了。

当然有些工作，例如做实验、管机器等，基本上就是该几个小时就几个小时，想快也快不起来。但多半的脑力工作，公司对工作量的规划是以一般人的平均经验值来设定的。如果你的效率高，别人三天搞不出来的方案，你三两下就可以搞定；别人开八次会议，你却一次就可以解决，自然你也就有大把的时间。如果你真的表现杰出而能者多劳，那你应该也可以要求公司增加人手，扩大团队。当然，这时候你的挑战也变得不一样了——不仅自己要高效，还要带团队一起高效，否则累死将帅。

不管怎么说，提高自己的效率，非常重要。

人生在世，其实只有两个资源受我们控制——我们的身体和上天给我们的时间。

但我们真正能控制的，是我们的大脑在什么时间想什么事，然后大脑会给出指令，告诉我们的身体该做什么。所以说穿了，我们要学的就是**如何让自己的大脑超高效率运转**。

用好了，在有限的时间里，可以把身体休养锻炼得很好，也可以得到很好的娱乐，更可以扮演好生命的每个角色——当然这里面也包括成功的事业。

所以一切的基础在于对自己大脑的训练。

肆 自我管理：不仅是一门艺术，还需要技术

4 时间管理的诀窍

我是绝对不主张拼命工作的。人要走长远的路，就必须珍惜身体，更不可以只有工作，没有家庭，没有其他生活。人应该均衡发展，所有的人生角色都要演好。所以我非常重视效果，用最少的时间获得最大的成绩。

很多人平时不努力，临时抱佛脚。碰到事情才去思考，想到的都是一些不着边际的想法，抓不到要点，手忙脚乱。**平日就要思考清楚，积累有用的知识，**用时就能马上发挥。要向往诸葛孔明的境界——羽扇纶巾，谈笑间，樯橹灰飞烟灭。

时间管理大概有几个步骤。首先要学会运用众人的力量。不要一个人往前冲，这反而会成为瓶颈。我们应该优先把时间投资在教导、辅佐团队上。尽量让团队试着做决策。如果大家都会了，就可以把自己的时间节省下来。

其次对于不断出现的各种对时间的要求，要当机立断。又急又重要的当然优先处理，**难的反而是一些杂七杂八的小事**。很多人以为既然不重要就放在一边，不去处理。结果就日积月累、堆积成山，甚至没处理好还可能变成大事。其实与其花时间去想该不该处理（有时想的时间都已经处理完了），还要担心得罪人，或延误成为问题，**不如利用"垃圾时间"一次集中处理**。当然最好能斩草除根，同时做好妥善安排，以后就交给他人处理，不要让它再出现在自己面前。

有些问题处理的时机未到，也应该善用工具，先丢出去给助理，到预定时间再送回来，不要堆在桌上，留在心头。**学会每日事每日毕**。

让自己的待办事项清单（To Do List）永远简短，快快清零。如此就能轻松面对新的挑战，还可以视情况主动出击。

5 提升大脑的决策能力

大脑的功能很多很复杂。但我们可以比较简单地分析大脑在决策中起的作用。

当我们给大脑发出指令，要求大脑提出对策的时候，大脑是有一个运作过程的。它会去分析指令的内容，然后在储存的资料库中开始搜寻与此相关的信息，同时也会对信息进行必要的加工和运算，试图选择一个比较好的方案。此时我们脑海中就会涌现出一些想法，然后我们再试图在这些想法中确定一个最好的决策。

那么，什么情况下我们的决策会比较快、比较好呢？

- 对事情的解读是正确的。这样大脑就知道应该往哪个方向搜寻相关信息；
- 信息是立刻有用的，不是一些不清楚的概念或单纯的数据；

- 信息是全面的。这样可以给我们多些选择,也可以避免错失机会;
- 知道如何快速地比较不同方案的得失,然后做出正确的选择。

我们平日就应该训练大脑,哪怕小的事情都能有条理地去处理。等到面对大的决策的时候,一样可以有条不紊地冷静面对、高效处理。

要多向思考

一个最好的决策往往不是最容易想到的那个。所以我们一定要常常挑战自己，多向思考，务必不留死角。但这件事说来容易，做起来很难。

一方面我们都想偷懒。好不容易想出个办法，最好是一次猜题成功，是标准答案，过关得高分。我每次看到团队成员做报告，他们都努力强调自己做了多少调研、多少讨论，然后就等我点头同意。但往往是他们一头钻进去的方向或假设就有问题。可能他们自己也有些许认知，但没有主动开展不同方向的思考，徒然浪费了大量精力，结果事倍功半，得不偿失。我常常提醒团队和自己，该开放思考的时候就必须全面开放，不要关掉任何可能的大门。千万不要急着下结论。不要略有所得，就"家有敝帚，享之千金"。拿支笔先记下来，然后再继续思考。全部想清楚了，再做结论也不迟。是你的总是跑不掉的。

另一方面，有个严重的通病是我们喜欢耳顺（Confirmation Bias），就是不想听与我们自己想法不同的观点。我们都希望别人和自己英雄所见略同。对那些非同温层的言论往往嗤之以鼻。因此错过了很多学习的机会，这太可惜了。

的确，**要求自己不停地挑战甚至否定自己的过去**，收纳新的认识，找寻新的可能，我们的心理上是有挑战的。但这才是让自己日新月异、不断进步的不二法门。我们一旦克服了心理障碍，就会发现成长的乐趣是极大的。

读到这里，记得提醒自己：下一次思考问题的时候，试着跟自己过不去。学习**假设自己是反对一方的人，他会如何挑战自己**。当你觉得自己经得起所有挑战的时候，也许你的决策质量就能过关了。

比较不同方案

很多人知道提案时不能只提一个方案，于是就努力地准备甲、乙、丙多个方案，然后认真地指出甲方案的优异之处，或是乙、丙方案的不足之处，这种做法看似滴水不漏。

但实际上他们对每个方案的评估，往往不是公正客观的。没有尽力地去完善每个可能的方案，有做球给自己偏好方案的嫌疑。说到底还是心态没有完全摆正。这样的决策是有问题的。

当然，做评估不容易。不是每个维度甲方案都一定优于乙、丙方案的。失之东隅，收之桑榆，各有优劣的情况在所难免。这个时候就更需要审慎思考，考量是否有合并甲、乙方案，或另外寻找丁方案的机会。就算没有，如何取舍更需要谨慎为之。

对未来实施后的成绩预估，是我们做决策很重要的依据。对于回报的计算和风险的掌控，都必须有完整和专业的评估。在现在这个资金过剩、热钱流窜的时代，很多投资人不再关注长期价值创造，只抢短期估值的飙升。这连带让很多公司也失去理智。从募资的角度看或许没错,但这样一时的"成功"含金量在我看来是不够的。

我们面对常见的评估难题,其实有很多现成的工具可以使用,常见的有优劣分析法(Pro & Con Analysis)、加权比较法(Weighted Comparison)以及折扣现金流法(Discounted Cash Flow)等。在百胜,这些工具要求大家都必须会使用。

网上可以搜到这些工具,也有相关教科书,都不是很难学。一定要能活用,这对于做决策,尤其是财务类的决策很有帮助。

6 走出误区，方能长远

前面已经谈过每个人都应该直面自己，养成一些好的习惯。这里谈一下如何让自己成为一个带领团队建立伟大成功事业的领导者。至于如何带人，下一个章节将详细分享。

首先我们要建立一些对的观念。

我们要打造的事业是有价值有意义的，是被社会主流价值观接受而且支持的。这不单是不做无良犯法的事，更要勇敢地把对的事情做对。**如果希望团队去相信、去做，自己就一定要以身作则。**

有了这个决心，就必须对自己有些承诺，鞭策自己：

- 永不放弃自己，决不与心里那些邪魔外道的思路妥协；
- 绝对尊重真理科学，横眉冷对千夫指，俯首甘为孺子牛；

- 做事绝不和稀泥，不搞清楚，绝不罢休；
- 学会如何以诚待人，建立良好的、相互提携的、共同进步的伙伴关系。

有了决心，剩下的都是技巧，都可以学的。但没有决心，走着走着就可能走上歧途。

肆　自我管理：不仅是一门艺术，还需要技术

我们有多少弱点？

我们做决策，有太多的弱点。

知识经验不足、工具不会用都可能是弱点，但过于依赖经验与工具也不好。

我们很容易被人锚定（Anchor）。对方要价3 000元，我们就不敢回价200元。我们常常陷入被动，随着别人的音乐跳舞。

我们多半人天生谨慎，不敢冒险；过度担心，把一分的风险想成九分，把一分的损失想成八分。个人决策，小心为上或许是对的，但企业的决策是长期的、全面的，需要有一定的风险承受能力。我们不能把自己的限制变成企业的限制。

疑心生暗鬼是我们一定要克服的障碍。要养成对所有的事情科学客观评价的习惯。不要放任天性，灯一关就觉得房里有鬼。天生胆小懦弱的人，一旦戴上公司团队的帽子，就必须有熊心豹胆，该出手的时候大胆出手。

西方宗教把人性七大弱点定为七宗原罪（Seven Original

Sins)，但人的缺点远不止这些。我们后天都要努力地避免犯这些错：小心控制自己的情绪，不要随便暴怒（Wrath）或嫉妒（Envy），不要贪婪（Greed），不要贪吃（Gluttony），不要迷恋色欲（Lust）。还有就是前面说的不要偷懒（Sloth）。

还有一个致命的缺点，很多人认知不足，甚至以为是正面的，就是光荣（Pride）。如果用骄傲这个词来翻译，你就知道是负面的。但两者的区别其实不大。好好想想，**你是否能克服自己希望别人肯定的那份欲望？** 这点后面还会专门讨论。

不要为金钱工作

我不是说钱不重要。市场运作，算的就是投资回报。我们工作如果得不到资本的认可，也难以成功。不但要会算，还要算得比谁都精准。

但是我们个人工作的目标，不该只是金钱，至少不是短期的金钱。**金钱的诱惑是可以让人迷失的**。如果因小失大，就太可惜了。

年轻人找工作，应该看重能力的培养，不该只看重钱。头几年赚的钱与一辈子能赚的钱，根本不能比。何况成功的公司，待遇应该会比不成功的公司更好，将来成长的空间更大。何苦急于一时？

有的行业或公司给很多的钱，**但买的是你的良知或全部时间**。把一切都牺牲了，值得吗？

有的公司设立了各种奖励制度，希望你无论如何都要完成指标，甚至诱惑你做杀鸡取卵的事，你做还是不做？

有的老板会拿金钱买你的忠诚。那你是对老板忠诚，还是对正确的事忠诚？每天都在琢磨这样的事上浪费时间，你的决策还会好吗？

我很早就让老板知道这些对我无用。我不会去跟他谈加薪、奖金的事，但没人少给我一分钱。你如果把对的事情做对，成绩出来了，老板自然一心只会给你戴上个金手铐拴着你。你又何必舍本逐末？

肆　自我管理：不仅是一门艺术，还需要技术

更不要为名位工作

有些公司很坏。招不到、留不住好的员工，就学会用金钱、名位来吸引和保留员工。偏偏有人看不透就吃这一套，甚至还卖乖弄巧来证明自己的"成功"。

有的人为圆"总经理"的梦，放弃好好的公司和理想的工作；有的人被忽悠有损益表的职责（P&L Responsibilities）或决策权，反而沾染一些独断专行的坏习惯。大公司常常设计一种比赛爬楼梯的机制，搞得大家都忘了工作的真正目的，每天想的都是如何跑在别人前面，如何赢得老板的欢心，争取下一个出头的机会。

我看过许多优秀的人给自己设下了一定要在某个时间点之前做到总经理之类的目标，因此拼命表现，还不惜跳槽。本来好好的工作，不能用心、平静地去做，反而汲汲营营地想着下一步怎么办。结果可能目标达成了，却是去了不对的公司，或做了不适合的职位。

我在跨国公司是个异数，中国区负责人一干就是 26 年。每年总部做人力资源评估，问我想不想更上层楼，去全球总

部，我都没兴趣。总部的人都搞糊涂了，怎么有人这么没野心？但最终结果是我把中国事业部做到全球最大。后来因为太大了而必须从全球百胜拆分出来独立上市。所以我得到的名和利好像一样也没少。这个过程，我始终都能与自己的团队在自己适合、也喜欢的中国市场一起享受，这远比在全球总部要快乐许多。

也许有人认为我很奇怪，但我觉得自己很有智慧。其实说穿了没有什么了不起。我清楚自己真正的归属，没有盲目地随波逐流而已。

矫正自己，其实在一念之间

古人早就说过，人贵自知。而且，**知错能改，善莫大焉**。

我们要想让自己成为一个好的决策者，还能带领团队都成为好的决策者，就必须修炼自己，不能让自己的随性、劣根性和坏习惯阻碍了自己和团队的进步，甚至迈向错误。所以我们必须对自己的弱点、缺点有所警醒，有所作为。

很多人以为天性难改，但也未必。我们绝大多数的人能够分辨善恶，只是没有意识到**彻底矫正**的重要性，留下了一些缺口，以至于一些不好的念头会时不时地冒出来——贪一些小便宜，逞一时之快。可惜的是，往往等我们觉醒的时候，错误已经造成。

这里分享我个人的经验：**要给自己的脑袋下个死命令——以后不准再这样想**。

有点像西方谈的承诺（Commitment）的概念。**对自己承诺，一辈子该做什么，或是不该做什么**。一旦承诺了，就永世遵循。很多人有这样的经验，尤其是找到人生伴侣的时候，往往都有这样一个承诺的过程。而这个承诺也往往是婚姻成功的重要基石。

所以要做个选择。如果你可以看到自己的弱点，是对自己承诺，从今以后绝不再犯？还是见怪不怪，其怪自败？不信，那你就试一试。

古人说，放下屠刀，立地成佛。我想说，乌龟过门槛，就看这一翻。

克服自己的毛病　　　　　　　　　　　　　　　分享

常见的弱点	对自己的承诺
贪便宜	金钱如粪土，别羞辱我
不敢冒险	相信科学，相信逻辑
人云亦云	小心受骗上当
对他人无感	其实都有故事，蛮好玩的
热情高涨	浇自己冷水
冲动冒进	掐自己大腿
守不住自己的嘴	咬自己舌头
不喜欢听不同的声音	其中必然有诈，必须小心聆听
喜欢听自己的声音	家有敝帚，享之千金？
我不懂，谁拿去做？	我不懂，谁可以教我？
人比我强，我嫉妒	有为者，亦若是
绝不能示弱	真的强者，不怕认错
错了也要错下去	别傻了
这个事可以拖懒	欠的迟早要还，丑媳妇早点见公婆

伍

学会带人：
成全他人，成就自己

1 管理就是"管好自己,理顺他人"

这句话不是我第一个说的,但很有道理。当然带人不只是"理顺关系"那么简单。先把自己管好,由内而外,是不二法则。如果有机会带领团队,就必须想清楚如何才能做好管理的工作,而不是一味地靠挤压、责怪下属,然后逼出成绩来。

在一般的组织里,当个人的能力有所提升,就有机会带个小的团队,在自己的领域内做更多的事情。这个时候多半是带着没经验的新人,手把手地教,谈不上什么领导统御。

下一步多半是在自己相关的领域内做一些新的东西,也可以多一些下属。慢慢地可能负责的面越来越广,管的人也越来越多,层级也不断增加,对管理的挑战也逐步加大。同时也可能会代表部门参与一些跨部门的会议或项目实施。甚至有机会与高层接触,做报告,提建议。

等到自己做到部门的主管，不但成为部门内部事务的主要决策人，更要代表部门做好跨部门的合作，为公司的决策负更大的责任。

等到成为高层的一分子，就不只是一两个部门的管理者，而是对全公司的管理有决定性影响的人。

这种职务角色上的转变，每个人都需要去调适。从亲力亲为，到调兵遣将；从冲锋陷阵，到排兵布阵。我们必须不停地学会如何充分发挥职务上赋予的机会。这其中最大的改变，就是如何越带越多，还要能够隔着很多层级带动团队。

做老板的基本责任——不要浪费下属的生命

员工离职会给出各种理由。公司人力资源部门也会认真地做离职面谈（Exit Interview），虽然未必留得住人，但至少可以看看是否有需要公司或主管改进的地方。同时也会统计离职理由，交给高层做参考。

其实各种调研早就证明，**员工离职最大的原因，就是觉得自己在这家公司没有前途，浪费生命**。

因为如此，愿意接猎头的电话，听听别人画的大饼，幻想自己可以重启人生，抑或反正都是浪费生命，至少钱可以拿得多一点，职务可以高一些，管的人可以多一些。

我对团队的要求是**永远不可以浪费下属的时间**，不可以随便乱下指令，也不可以对下级的需求置若罔闻。任何时间，对于员工不懂、不明白的事情都要解释清楚，不可以打马虎眼。就算自己还无法决策，还需要测试，都要解释清楚。这种**暂时无法决策，本身其实就是一种决策。好好解释给员工听，让每个员工随时知道自己为何而战**。这是最低的要求。

当然最好是员工能够参与到与公司一起进步的过程中,能力和职位被不停地提升。他如果可以看到自己在公司的成长,自然就不会考虑换东家。

如果一个员工的确是扶不起的阿斗,确实看不到其在公司有好的未来,那就应该早些主动地告知他,让他去外面寻找适合的位置,这也是公司对他负责的表现。

人会愿意被带领吗?

很多人不懂如何带人。以为立目标、定奖惩,人就会照着自己的规划奋力向前。等到发现不如所愿,就觉得自己怎么这么倒霉。巴不得所有人都是机器,听一个命令,做一个动作。但是人不是机器,有自己的思想。连宠物都不会什么都听你的,更何况是一个成熟的大人。但这并不代表人就无法被领导。**事实上人需要被领导**。

清楚了解人的需求,如何带人(待人)就很清楚了。这一点都不难。

人的需求,马斯洛早就搞清楚了。底层的需求是求生的本能,然后是温饱,再然后是社会地位,最高的需求是自我实现。这个理解起来并不难。将心比心,我们应该也是一样的。一旦温饱不成问题,最后当然希望自己能够实现自我。前面介绍过,所谓**自我实现,就是把自己有限的才华发挥到极致,留下点什么,不要枉费一生**。

我们要带动人当然可以利用他底层的需求。威胁他的生存,或者给予一些好处,也的确能起到一定作用。很多公司设计了很多奖惩制度，以为这就是管理。但对一个真正想要实现自我的人，日子久了，温饱不是问题了，就会怀疑自己是不是出卖了自己。

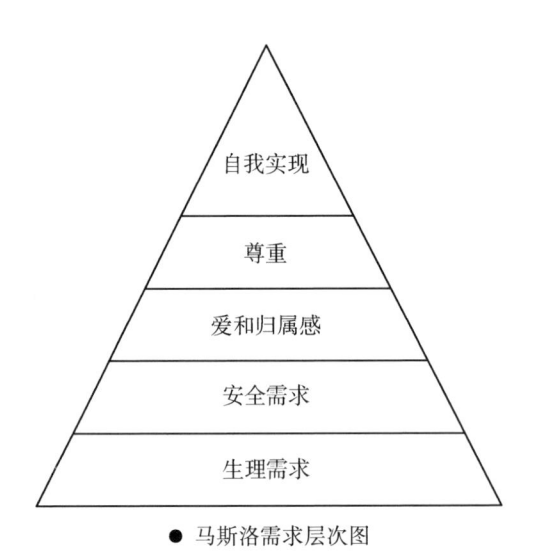

```
         自我实现
        ─────────
          尊重
        ─────────
        爱和归属感
        ─────────
        安全需求
        ─────────
        生理需求
```

● 马斯洛需求层次图

我们带人，应该帮助他实现自我。当他发现你在带领他往成就自我的路上前进，一路上还帮助他、照顾他，他当然会愿意被带领，自然会有动力想把事情做好。我们**带不动人，往往是因为我们只想利用他完成自己的目标，反而因此耽误了他的成长，他当然不乐意。**

2 待人的关键："诚"

大概没有人不知道"待人以诚"这句话，但什么是"诚"？诚实？还是诚恳？为什么这么重要？不诚又会如何？

我不知道这句话出自何处，也不知道原意。但我根据自己人生中的体会，有自己的理解。

我们人生最高的期望如果是才尽其用，生命不被浪费，当然就希望不要所托非人。所以我们一定要将心比心，好好地对待他人。永远与人为善，并且尽力帮助他人。别人可以感受到你的好，自然就会把你当知音、伯乐，乐于与你相处。

其实所谓的"诚"，讲得粗鄙一些，就是**"把人当人看"**，不要把人当工具、机器，更不要视若无睹。可惜太多人目中无人，或者花言巧语，嘴上说得好听，行动全无。我们周边有这种"领导"，觉得你的成长是你自己的责任，与他无关,做不到就别干。这样的人,没有认同,不懂得尊重他人,当然得不到人心。

真正的以诚待人,不单是诚实、诚恳,更是诚心地去认识理解他人,接纳他人的一切优缺点,并且真诚地去帮助他人、提携他人,共赴成功。养成这样的态度和习惯,掌握住技巧,慢慢地你必然会得到回报。

"待"人应该如此,"带"人更必须如此。

恩情账户

"恩情账户"这个概念不是我创造的,你可能也上过相关的课程。很多时候被翻译成情感账户(Emotional Bank Account)。

我们每个人在每个与自己有关系的人(亲友、同事、下属等)那里,都有一个恩情账户。这个账户如果存款高,就代表我对他恩情重。我找他做事,他自然乐意,也会尽力做好。但如果低,他连理我都不想,搞不好还会拆我的台。同理,他在我这儿也有个账户。但他的存款未必与我在他那里的存款等同。

这是人之常情。所谓**"待人以诚",其实也可以理解为不停地去存款**。存款可以是小笔的——打个招呼,送个礼物;也可以是大笔的,雪中送炭,知遇之恩。如果我们真心珍惜对方,举手投足都可以让他觉得春风化雨。

但是提款也可以很快。认不出对方,叫不出名字,都代表对方不重要。出言羞辱,让人下不了台,更是可以把存款一次用完。不要以为无心之失都可以被原谅。不是所有人都能宽宏大量。尤其是自信心不足的人，被伤害太容易了。我们常常做提款的事，只是自己没意识到。

存款高，代表对方愿意信任你。我们一定要学会经常去存款（与银行存款不同，恩情存款利息是负的。朋友几年不见，存款可能归零，甚至还会是负数——大家再碰到时可能已经有点戒心了）。

养成习惯，随时为重要关系上的账户存点款，但不是那种小恩小惠的存款。我们管理的时候有时是必须提点款的。不要到时存款不足，**临时才想存款，会被看破而拒收的**。

必要的时候是要提款的

我们当然希望恩情账户里的存款保持多多。没事不要提款，以免影响对方对自己的信任。但有的时候还是要做点提款的事。

很多时候，我们的下属（或其他人）会犯错。如果我们得过且过，就会错失纠正的机会。当然我们应该讲究技巧，适度地给点不伤感情的提示，或许就可以了；但这并不见得有效，因为总有人不开窍，不点不通。**佛家都讲究当头棒喝，我们自然也不能功败垂成、功亏一篑。**

只是我们在提供负面反馈的时候，一定要注意自己是否有足够的存款。可惜很多人不明白这点，**平日不存款，最后还要怪下属不服管教。**

我和团队的每个成员都讲得很清楚。我接受每个人的优点和缺点，在我面前没有必要掩藏什么。我会尽可能帮忙分析，对于他们做得不好的地方，协助改进，力争补足。**团队成员之间，也应该如此。**

有了这样的认识，讨论事情的时候，如果有人对他人不够尊重,坚持己见,或是其他有碍合作的言辞举动,我第一时间就会出手干预。虽然有点不给面子,但大家知道我的坚持,见怪不怪,慢慢就接受了。那种什么都要等到会后,再私下给意见的理论,不是没道理,但时效太差。**及时教导,也是对企业文化的宣示。**

坚持决策品质,把对的事情做对。不能做烂好人,不能做乡愿。所以平时还是多存款吧。

如何聆听？

很多人应该都上过类似的课程。这在许多公司是一门必修课。课程一般都要求学员学着听对方说话：一定要忍住自己想说话的冲动，等对方说完，再尽量结合自己的理解复述对方讲过的话。多半人都觉得这个过程很辛苦。但强忍坚持，努力过关还是可以做到的。但上过这样的课程后就有效了吗？在我看来，多半就是走个过场，自我安慰而已。实际工作中，虽然听对方讲了，但自己该说什么还是什么，对方也未必觉得你有什么诚意。

真正的聆听，需要真正进入对方的世界，完全理解对方的思考，必须做到无我。唯有如此，对方才知道你是尊重他的，才可能放下戒备，愿意听到一些不同的声音，这个过程非常重要。设身处地地想想，你自己是否也希望别人可以听懂自己？

我一向建议**与人谈事的时候拿着纸笔。聆听的过程中，先把自己的一些想法写下来，不急着去分享。一面听，一面把听到的重点和自己的反应记下来，这个步骤很重要。**这样可以让自己不着急，不必担心过会儿忘了。同时这个动作也会让对方放心，知道你在努力地聆听，而且记了下来，就不会事后跟你争个一二。

别急着谈论你的观点。**当自己的观点与对方不一样的时候，可以试探地问问他是否曾经想到过类似的观点**，看看他如何反应。同时还要了解他为什么会有不同的想法。在这样的沟通过程中，往往事情就非常清楚了，共识也达成了。

这种谈话，不要计较没有机会证明自己有多优秀。让别人过把瘾，算是恩情账户的大存款。更何况搞不好别人还是对的，让自己躲过了自曝其短的可能。

如何让他人聆听？

绝大多数的人都觉得自己的声音没有被听到，这很正常。大家都急着讲话，让别人听到自己，吵来吵去，结果是谁都没有听到对方。

其实不必强求别人聆听自己。专心地聆听他人说什么，而且要用心地让他知道你听懂了。这样他就会放心，甚至还会有点喜出望外，对你心生好感，于是主动表示愿意听听你的想法。

当然聆听不代表同意，但绝对代表了尊重，也代表了虚心。

我对自己的期望是能够充分理解对方，肯定他的初衷，甚至**能够比他更好地解释他的想法**。这时对方往往开始察觉，自己没必要一再重复的争辩，也开始会怀疑自己是否漏掉了什么。这个时候你再指出对方没有想到的地方，往往他就愿意听进去了。

其实很多时候根本不需要你讲什么。对方自己一边讲，一边就已经发现自己的疏漏了。

养成聆听的习惯和技巧非常重要。自己的声音,自己知道就好,不必多言。说得越多,对方越不愿听。学会如何让对方进入一个愿意聆听的境界后,再说不迟。

真要碰到一个翻来覆去、喋喋不休、不爱聆听的人,那就问他一句"你觉得我没听懂吗?"通常对方会有所警觉,收敛一些。

3 看人看头上三寸

这个概念是我发明的。

我们任何时候看人,应该要看到两件事:**对方现在所在的位置**和**对方可以进步到的位置**。

与人谈论事情,首先要进入对方的世界,了解对方的想法,知道对方的期望与困难。这个时候要让对方知道你与他同在,你不怪他,不笑他,完全理解接受他。当你把这个技巧练得很娴熟的时候,一切都不必明言。一个小小的动作都能让对方心领神会。

然后你可以试着帮助他,但是不要一股脑地强加于人,欲速则不达。这里说看三寸,意思是让他能有些小的进步。不要太急,否则多了就会让人觉得自己离目标太远,力不从心,然后就会灰心。如果各种负面情绪涌上心头,就会造成相反效果。

我同意本性难移，一个人很难彻底改变。但人绝对可以成长。我们每个人回想自己，应该都是在不断地改变，只是多少不同而已。**要相信对方是能学习进步的**。如果这个人实在学习能力太差，形成绕不过的问题，是个扶不起的阿斗，到时再请他下车另谋高就也不迟。

诚恳地接受每个人，想方设法地帮助他人进步。让这个概念在每一次接触中被实践。

如果这取代勾心斗角、争权上位而成为公司文化，公司怎么会不成功？

能打硬仗的团队

只是会一个一个地带人,这是不够的。我们还需要团队成员之间合作无间。

我还没听说过哪家公司的企业文化里没有团队合作这条。大家都知道团队合作的重要性,但现实里很多公司都做得不好。每个部门各是一个山头,自己做自己的事。跨部门的项目想约个会都很难。好不容易凑齐了,但七嘴八舌,各吹各的号。有时各部门委派的代表提供的意见还不算数,回去以后被主管推翻还要重来。

好的公司,在商场上应该是所向披靡的大军,攻城略地,战无不胜。所以,**我们需要的团队就应该是一个能打硬仗的团队**。商场如战场,拿军队作比较很合适。真的要打仗了,哪有时间慢条斯理地约时间开会,揖让而升,行礼如仪?各个部门就应该像各个军种。需要协调一致的时候,几个负责的代表聚在一起,地图一摊,该怎么打、谁打哪、谁掩护谁和支援谁……都讲得一清二楚,然后就分头带自己的队伍去冲锋陷阵。相信最终的结果也差不到哪里。

这样的队伍肯定不讲究形式，不计较官阶地位；有话直说，该争的时候就争，但事情必须讲得很清楚；共识高，效率好。最近很多跨国公司谈的敏捷组织（Squad）的概念与此相近。

想要打造这样的团队，就需要从自己的领导方式做起。

扮演好将帅的角色

同样的部队,不同的人带,会有完全不同的表现。好的将帅,无兵无粮,也可以草船借箭,空城退敌。反之,将帅无能,累死三军。

有人以为冲锋陷阵,带头杀敌的就是好领导;也有人认为,充分放权,信任下属,才是正路。有人个性积极,有人天生冷静,领导风格各不相同。你如果天性比较偏向一方,需要调整吗?还是让大家习惯、接受自己?什么才是对的、最好的?

我喜欢看日本大河剧,讲述日本战国时代各藩武士互相征讨的故事,很是好看。这些剧里面常常出现一个著名的大将军武田信玄。他带兵如神,敌人闻风丧胆。他的旗帜上有四个大字,代表他的治军理念——**风林火山**。

这其实是中国人的智慧,孙子兵法的内容:**其疾如风,其徐如林,侵掠如火,不动如山**。一支好的队伍,是可以随着情况不断调整步伐的。

作为将帅,更应该如此。不管自己原始的风格是什么,

我们都应该学习在不同情况下扮演相应的角色。该快速行军,还是匍匐前进;该按兵不动,还是大举入侵;该自己带头冲锋,还是幕后运筹帷幄,都要根据时机作出恰如其分的决策。不要永远只是程咬金的三板斧,唰唰唰就没招了。

试问一下,你可以控制自己的情绪,选择适当的举止,扮演好自己该扮演的角色吗?

4 传统管理的大缺失

读到现在,你可能会发现这本书和过去读到的传统管理书籍不太一样。在跨国公司做过的人可能也会有点意外,为什么老板好像没有这样说过?

西方资本主义世界以美国为代表,是基本不谈在工作中自我实现的。如果你有大的理想抱负,就应该创业,或者在工作外寻找别的机会,例如,做义工、当教会长老等。到了公司里就应该遵守游戏规则,最终看谁能够胜出。

这个游戏就是一场老鼠赛跑(Rat Race)或者爬楼梯比赛(Ladder Climbing),看谁先晋升,谁先得势。赢的人乐此不疲,输的人黯然神伤。

因为设计如此,大家也就习以为常。我们中国人从小也是从课堂上竞争出来的,对此蛮习惯的,没觉得有什么不妥。

但是这种**不谈团队、弱肉强食的文化，其实大有问题**。一个原来有强大商业模式的公司，或许可以依赖少数聪明的人，利用自己的强势地位压迫竞争对手，保持领先地位。但如果形势发生变化，一旦被对手找到突破口，自己的团队还需要等老板指示，甚至连老板也束手无策时，大家你看我、我看你，互相责怪，最后只能胡乱出招。当然，百足之虫，死而不僵，偌大企业一时半会儿还能撑着，但日子只会越来越不好过了。

在中国，很多跨国公司已经开始出现各种问题。越来越多新起的本土竞争者看破了这些纸老虎。

伍　学会带人：成全他人，成就自己

尤其是美国的白种男人

美国是现代企业的发明者。对投资者和专业管理人员的分工和角色扮演分得很清楚，的确很有价值。也有很多人研究领导统御和经营管理。我们通过各种途径，直接间接地都在向他们学习，也确实非常有帮助。我自己也是从美国的商学院和跨国公司学习出来的，但这不代表他们没有问题。

最近几十年，美国高呼让更多的少数族群和女性进入高管层，其实反映了美国企业过度被白人男性掌控的现状。我一辈子见过、合作过非常多的美国高级管理人。他们都接受过良好教育，也没有故意不尊重少数族群或女性（甚至还会特别礼遇他们），但这些人多半都是心理学上说的狼群的头（Alpha Male）。他们从小就崇拜被各个球队追捧、名利双收的各种职业运动的明星人物。他们希望自己也是那样的英雄人物，成为球队的核心。因为他们靠这样的特质上位，自然就喜欢同类的人，甚至觉得不是这样的人是不能当领头人的。

这样的思路，往往反映在对组织的设计和员工的管理上。公司喜欢积极、敢当头（甚至必须当头）、敢竞争的人。对这样的人，不停地给他挑战，晋升加薪，还不惜破坏组织的规律，因人设事。同时鼓励几个高管互相竞争，看谁能出头。输的人也不担心，反正还可以换一家小一点的公司，照样可以当CEO。这成了标准的成功之路——在拼搏中杀出一条血路，从而换取豪宅豪车。

美国社会也普遍认同甚至崇拜这样的个人英雄。资本市场自由竞争，强者胜。弱者被淘汰，这只能怪自己。

但这些都不能保证让团队作出好的决策。仔细想想，可能还会有相反的效果。

中国没有好的管理传统？

中国进入现代企业管理是改革开放以后的事。中国自古都是小生意，一个老板，请个掌柜，带着几个徒弟就干了，没有大的组织。唯一有的大组织是官府。但那个不是生产，不是服务。天威难犯，老百姓只能乖乖地听命。历史上能够集聚众人力量对抗官府的就是像梁山这样的组织。后来比较大的私人企业，如晋商的票号，洋务运动后办的棉纱厂、面粉厂，都是用兄弟感情的方法来换取大家的拼命努力。到今天，很多中国民营老板还是相信这一套。大家有福同享，有难同当。股权发给大家，财散人聚。背后的基金也常会鼓励公司用股权来吸引不容易招到的人才，短期可以节省现金的支出，长期的事也不太会去考虑，反正到时赚钱就退场了。

把创业的合伙人当兄弟，固然是"把人当人看"，诚意十足。但是公司是要不断进步的，**今天需要的才干，和明天需要的不见得一样**。今天的兄弟，将来未必还是合适的合伙人。早早地把公司的未来就锁定在几个人身上，久了是要出问题的。管理永远不是只需要积极性。单靠热情，不是可靠的办法。事实上，热情太高，反而会让自己出现盲点，这需要有个度。

我们还是**要拿来西方多年行之有效的职业经理人治理公司的制度和经验**。但不是原封不动，要有所取舍，还要创新。

企业发展一旦跨越了初期拼搏的阶段，就**必须重视公司治理，建立长治久安、基业长青的可持续的经营模式**。如果西方跨国公司的这一套不够好，中国自己的老办法也不灵，这条路应该如何走？

陆

把管理做细：
从组织设计到企业文化

陆　把管理做细：从组织设计到企业文化

1 管理的蓝图：组织设计

前面已经说过，把公司当帮会、把员工当兄弟是不行的。企业管理必须是专业的，是要迭代的。人人都是职业经理人，每天都要尽职地为企业创造价值。我们应该运用好的组织设计，让人人都适才适所，全力发挥。

很多人老想把员工当成机器的配件（巴不得能用机器取代），认为一个命令一个动作，管理就简单了。的确，我们现在还有很多工作（如生产线、研究室、写程序）就是工时（Work Hour）的积累。从事这些工作的人基本没有任何决策权，但这不代表所有的岗位都是如此。更何况很多基层的工作也是有可能创造价值的。丰田（Toyota）汽车的全员创新就是很好的例子。

多半企业其实是依赖基层员工的表现。以百胜为例，如果餐厅员工表现不好，我们管理人员再好，也无济于事。

同时也要小心，不要轻信"996就已经是幸福"的言论。在市场竞争中求快是必然的，但应该在组织设计中就已经把工作量规划好，大家分工合作。实在有必要，偶尔来一场大干十五天，也无可厚非。但**长期以牺牲员工身心健康、家庭幸福为代价，肯定是错误而且不可持续的**。怎么可以厚颜地吹嘘这是好的企业文化？建个漂亮的办公区，提供免费的伙食，还有最新的健身设备，但谁都不敢松懈一分钟，忙到半夜下班，这叫平衡吗？

如果企业真的优秀，每个决定都是高质量的，生产力上去了，是不需要这样拼命的。以员工幸福为代价换来的短期红利，那是剥削，有违良知。

所以好的企业必须小心设计组织，不可以压迫员工，而是反过来要爱惜他们。

如何看待基层员工？

很多公司的设计是围绕着头部（或老板）的，把员工看成老板意志的延伸。这个也蛮适合很多人习惯的领导文化——官大学问大，屁股决定脑袋。总部决定了，向下面吹吹风，按要求执行。不行的话，再派个检查组，督导执行情况。这样的管理方式，保证了高度的一致性。这也不是一定不行，就要看总部的决策是否永远正确了。

但好的组织不应该是这样的。我们的成功不该是老板想象里的成功，或是计划书里的美好愿景，而是在每一个执行层面的成功。每一个高质量的产品，每一次客户服务的满意，每一次与伙伴顺利的合作，都有赖第一线员工的完美达成。而这些都不是在老板眼皮子底下可以完成的，需要靠员工的自我能力来达成。

好的团队设计，建基于**让每一位员工（尤其是第一线）都能很容易地就把事情做好**。每个人都知道如何去做，而且游刃有余，这才是根本之道。

总部的任务，其实是服务。

总部要提供对的 Know-how，提供训练，提供资源，提供一切帮助，让第一线不可能不成功；而不是设立障碍，胡乱指挥，无事找事，浪费大家的时间精力。

可惜多数人都轻视基层，认为只有自己做的工作才最重要；做不好就怪基层执行不力，却缺乏对自己的检讨。

如何设计基层岗位？

一般的基层岗位，如生产、销售、门店经理……都是高度重复性的工作，每天做同样的事情，还有一定的工作强度，对体力也有一定的要求；如果面对客户，还要精神抖擞，代表公司的形象。这种工作非常适合年轻人来做。

年轻人优点很明显，但也有缺点——缺乏经验，而且可能待不久。很多公司一打算盘——投资蛮多、回报蛮短，就有了想法，觉得还是老员工好。

老员工也未必不好——经验老到，不必太担心出问题，但日子久了，也可能要付出代价。同一个工作做久了难免热情就没了。眼看同年龄的人都升官发财，自己还在基层，难免羡慕嫉妒恨。何况小孩也大了，需求也多了，基层的待遇显然不够。和年轻人抢饭碗应该不是他的理想。

不该给年纪大的人的工作岗位，就不要给。做得不开心，对谁都没好处。还不如针对年轻人的缺点，好好设计一套培训、辅导的机制，让他们能很快上手，然后提拔其中适合、优秀的员工到可以长期贡献的管理或支援的岗位去。那些**留不住、不该留的就当是为社会做贡献**,他们也是公司将来最好的大使和客户。

公司可以百年,但公司的思路应该永远是年轻的。第一线的员工年轻又有活力,会连带让为他们服务的总部员工也必须心态年轻。

百胜的营运团队是一所"黄埔军校",不停地招收新学员,给他们最好的教育和训练,不断地考核,择优升迁。但如果没有干到餐厅经理,就会被淘汰。第一线员工,要永远保持年轻有活力。

如何彰显一线员工的重要性？

年轻人没经验，当然要好好培训，好好教导，然后再一点一点地放权，让他们试着做决定。这个"订规范—培训—考核—奖惩"的闭环一定要做得非常完整，让每一个肯学上进的年轻人，可以逐步地按照规划，称职地独当一面。他们每个人都做好了，公司才能放心。反过来，如果他们做不好，总部再强大，客户也感受不到。所以，所有的公司规划都只有一个目的，**让第一线员工好做事**。

百胜中国有一个核心原则——餐厅经理第一（RGM ♯ 1）。餐厅经理才是集团最重要的岗位。

他们的主管是区经理。区经理的任务只有一个——辅导这些年轻的经理。岗位的英文名字就直接叫 Area Coach（区教练）。

餐厅经理隶属的市场每年要办几场餐厅经理与所在市场提供服务的各个部门（工程、物流等）的交流会。如果平时服务提供不够及时有效，这个服务部门当场就会被"炮轰"，市场经理也会据此考核该部门，会议记录还要送到总部备查。

我们每年办一次全国餐厅经理年会。请来最受年轻人喜欢的一众爱豆们为他们表演，让大家好好嗨一把。这个年会，其他人是不能参加的。**少数受邀参加的人，是去服务的**。目的就是要好好地慰劳他们，突出他们的重要性。

但这不代表我们对他们只服务不管理。正相反，我们非常重视每一个经理是否称职。只有经过严格考核的人才能升到这个位子。如果表现不优异，继续升任更高的职务，在公司也会待不久的。

中层干部的设计

如果公司小,尽量不要有中层干部。层级越多,麻烦越多。可惜公司大了,每个人能管到(服务到)的人有限。而且公司大了,各种问题也会跟着出来,需要有不同的解决方法。这就要聘请一些专业人才分布各地。资深的人也学会了只动嘴不动手,一定要有人帮他分劳。总之,层级就出现了。

还有很多公司,为了用名利吸引人,就不断创造新的职务,给人一种升职的错觉。这些人互相之间还要攀比谁管的人多,下面有几层,于是就人为地制造出层级。

但**层级对管理是很不利的**——增加了信息互通、达成共识的困难。任何玩过传话游戏的人都知道,再简单的一句话,传了几手后就走样了。如果中间层级的人还意见多多,一人一把号,更是徒增困扰。

我在百胜的时候,坚决要求不得有山头,没有一个信息是不可以跳过层级传达的。总部可以直接通告餐厅,也可以直接向餐厅获取信息。当然也会知会中间层级,但是不影响工作的效率。没有人可以谈面子问题。

中层干部的任务是**整合第一线的情况，帮助总部做好工作。对基层员工，要扮演好总部分身的角色**。换句话说，要帮助所有人维持良好的共识与互动。让决策品质好，又能有效地被执行。

其实现在科技工具这么多，信息传达太容易了，更**不应该放纵中层干部人为地刷存在感，做些没有价值的事**。中层干部也要学会认清自己何时应该让出舞台，让事情更有效率。

陆 把管理做细：从组织设计到企业文化

总部工作的设计

总部的任务就是为第一线解决问题。可惜多数公司都搞反了。

在总部工作的都是精英，好学校毕业，留洋镀金回来，怎么反而服务于第一线的这些小青年呢？不管道理如何，心理上都有些不太能接受，对市场还是喜欢用上级的口吻，总是喜欢用发号施令的口吻说话。

所以我鼓励市场造反，炮轰总部。促销设计不够好、采购品质有问题等，都要及时反映。总部的员工如果对第一线不了解，没有好好把第一线的工作规划考虑在设计之中，是要被修理的。

很多员工一辈子做学霸，养尊处优，在象牙塔内洋洋自得，其实不懂真正的经营管理。反而很多从一线升迁上来的员工，学到的是真本事。两种人才都有可用之处，也都要不断学习进步，就看谁学得快，学得好。

其实总部工作没那么难做。把各地不同的经验整合一下，就可以成权威了，不必骄傲。**利用公司整体的力量，不**

停地为基层开创更好的工作环境，才是真正的目的。

这种为第一线服务的精神，不单应该存在于总部与市场之间，也应该存在于所有的上级和下级之间。现代公司早就不是跟着老板跑就可以成功的了，必须靠着员工不断地开疆辟土。**老板只是指明方向，然后要人给人，要钱给钱，做好后勤补给**。大家成功了，老板自然也就成功了。

善用人力资源评估

大部分公司应该都有年度人力资源考核评估制度，一般包括几个环节，形成一个闭环。

每年一次的年终业绩考核（Performance Review），除了看年度指标达成率、计算奖金以外，主管还会做综合评估，甚至升迁调动的建议。由人力资源部门主导，依据薪酬市场的变化和部门间的横向比较，专业地推荐每个人的升迁、加薪幅度和奖金多少。这个制度保证了公司的薪酬在市场上的竞争力和内部一定的公正性。只要认真执行，加上对员工的宣导，帮助他们了解公司的做法是科学公正的，一般都没有什么问题。

但专门为人力资源规划而做的人力资源评估（People Planning Review，PPR），在我看来更重要。因为**我们平常都是专心打仗，这个时候可以专心想想组织的事情。**

很多人以为一年两次回顾总结（Review）是老板和下属沟通的机会。一方面好好鼓励一下，也可以趁着这个机会，指出下属不足之处，给点教育和压力。其实老板和下属应该随时保持沟通，不应该等到回顾总结这个时间点。

PPR 应该是公司高层全面审视公司战略、组织和人才最好的机会，如何调整组织，调兵遣将，哪些人值得重视、值得培养，哪些人应该调整职务，甚至调动到不同部门，是否安排特殊培训等，都可以综合到一起解决。为此做的准备工作，如公司文化的调查、个人 360 度发展评估的结果等也都很有价值。

公司部门主管都应该一起参与讨论，这样可以统一团队如何评估人才的思路。**统一调度，也可彰显员工是公司（不是部门，更不是主管个人）的资产。**

避免跨国公司的通病

据我的观察，跨国公司在中国的业务普遍效率都不高。

一种是总部（不在中国）强势领导，中国能自主的不多。所谓的总经理（甚至叫中国 CEO）其实只是管管销售，徒有其名。如果产品本身过硬，或许还问题不大。但多半的企业过于依赖异地的决策，岌岌可危。一旦出现有力的竞争者，可能就会节节败退。

有些企业还不错，容许中国打造比较全面的团队，可以自己做些本地化的东西。只是还不愿完全放手，事情还是要大家反复研究。尤其中国市场这么大，各个总部（很多公司还有区域总部）的人员，都抢着参与中国的讨论，希望表现自己的价值，至少刷刷存在感。搞得中国团队白天忙着做 PPT，晚上还要顺应总部时差开视频会议或电话会议。而这些利益相关者（Stakeholders）往往不懂中国，不单帮不上忙，还非要提出自己的各种担心恐惧，加上自己的遐想、似是而非的理论。这些反馈全无 Know-how 可言，还要浪费中国团队大把时间和精力。总部 CEO 或许知道这种情况，但往往也装聋作哑,不愿得罪这些"好心好意"。

难怪很多人都干得槁木死灰。

中国自己的企业是否可以不要犯这样的错,让全员能集中精力做对的事?

记得扁平化的重要——**千万不要纵容中层和非关键人员随意给基层制造困难。**

2 统一思想，制定好的策略

其实制定策略本来应该在设计组织之前，然后再依据策略的需要来决定组织怎么设计。但为了方便大家理解，这本书就把组织设计的几个基本观念先解释清楚，再回头谈如何制定策略。

很多人分不清楚愿景、策略、计划、预估，这些名词到底有何差别。在我看来，越远越不清楚的就是愿景，越近越清楚的就是预估。都是对未来的一种规划和预测。

先谈远的。既然是远的，不妨想得大一点，野心大一点，否则就跳不出窠臼，更谈不上创新了。如果你个性保守，**不妨假想自己如果有伟大人物帮你出主意**，他会建议你如何推动企业的改革？如何促成公司的伟大崛起或复兴？思考的阶段都不敢想得积极一点，如何有可能做出大事？可惜很多人就是不愿或不敢，自我设限的厉害。

但敢于比天高，不应该只是喊口号式的集体自嗨，或是与资本市场一起自欺欺人。逼着自己想他人之不敢想的真正目的，是逼着自己面对自己缺乏的 Know-how 与能力，然后按部就班地一步步打造。

近期的规划，如年度的预算编制，就应该实事求是，尽量精准，方便决策者对资源做准备与分配，同时也可以借此明确工作的具体内容。常见的季度预估，也提供团队调整工作内容的机会，都是很有必要的常用的工具。

工具没问题，可是用的人常常本末倒置。往往把时间花在不该花的事情上。该做好的事情，却做得乱七八糟。

不要随便屈服于资本

上市公司往往惧怕华尔街的分析师,因此被牵着鼻子走。通常这些分析师希望看到公司每年都有一定的成长,所以公司一到要发布业绩的时候就紧张,唯恐被批评,因此拼了老命也要挤出点数字给市场看。

很多分析师确实很优秀,他们的意见也很有价值,但到底还是外人,未必真的懂。做管理的人应该设法让他们理解和支持自己的战略。

可惜很多人自己都搞不清楚方向,只能拿着鸡毛当令箭,带着大家追数字。稍有风吹草动,就忙着加指标、砍支出,谁还有心思去想什么是对的事情?这样的团队有激情、有干劲,才怪呢。

还有些公司引进了风投或私募的钱,这不见得是好事。很多时候,基金希望多投点钱(基金管理人就可以多些收入),成长速度要爆发式加快(估值就更高),就会一方面施加压力,一方面给予诱因,逼着公司扩张。本来可以稳扎稳打的却硬上了,把好好的公司给搞坏了。但基金很聪明,往往早就利用合约条款把自己的利益保护得好好的，最后可以安然退场。可怜的是那些留下来收拾烂摊子的人。

还是那句话，一定要守住"把对的事做对"的根本。一些无伤大雅的小妥协还可以接受，但是如果让自己变成什么都可以曲意承迎的马前卒，就不怪公司做不好，大家糊里糊涂地不知忙什么了。

好的职业经理人，要能赢得资本的尊敬和团队的信服——大家都有信心，都有干劲。但这个地位，要靠努力去赢取。

如何给团队定目标？

相对于长期的愿景或策略，目标是短期的，而且相对明确，就相当于**作战中下一个要拿下的山头或阵地**，总之是兵家必争的战略高地。积累这些战斗的成功，才能赢得全面战略的成功。

每个目标应该是明确的——在此前提下，才能谈将目标细致地分配到每一个小团队。制定这个目标应该也是机动的。一旦拿下了一个目标，就继续推进，再去拿下一个。这才是打仗。这些目标常常不是可以完全量化的。

不幸的是，多半公司掉进了财务规划、年度预算的陷阱。不到AOP（Annual Operating Plan，年度经营计划）的时间点，不去规划后面做什么。做了AOP就只想着如何达标。而且这个"标"，还只是一些财务数字，往往就是在去年的基础上加一个百分比，不是真的拿下什么战略高地，而是靠着克扣俭省挤出来一些成本和费用，本末倒置，莫此为甚。可惜很多这种体系训练出来的高管，误以为这是管理的必要工作，否则员工会以为利用各种借口不达标也可以过关。所以就算不合理，也要接受。

所以口头上说要建立伟大的公司，但实际上唯目标导向、KPI治企。每年年初制定目标的时候，大家鸡飞狗跳，厮杀一场。年中（甚至每一季度）再为是否加目标、减开支继续厮杀。到了年终考核，斤斤计较再来一轮。这哪里是个战斗团队？精力都消耗在自己跟自己过不去的事上了。斗来斗去，恩情账户互相都是负数，还哪有什么互信可言？

AOP是必要的，可以数字化一些对成绩的期望，也方便财务部门规划安排现金流的使用。但是计划赶不上变化，如果出现预期外的状况，不如面对现实，及时调整步伐。一味地坚持没什么含金量的目标，作茧自缚，未免也太不聪明了。

管理"甜蜜点"

一个好的球拍或球杆，都有一个比较大的甜蜜点，容错率比较高。就算球没有打到中心点，只要在甜蜜点里，一样可以高质量地飞出去。

一个好的商业模式，甜蜜点也应该比较大，哪怕出点小差错，也一样可以继续发展。我一向不主张稍有点小成绩就勉强或粗暴地发展。不如先把基础打好，留有余地，后面才能放心地快速复制，否则欲速则不达。

同样的道理，利用目标做管理也一定要小心。一味地压指标，求成长，只会让员工"上有政策，下有对策"，背离了"把对的事做对"的最高原则。

现代连锁快餐从麦当劳开始，引进了工业化管理的理念。利用科学数字的分析，让餐厅管理越来越精细。每个工作步骤执行需要几秒钟，会产生多少效益，都越算越仔细。纳入 KPI 管理的项目也越来越多。我曾经有几年没注意，有一天随手拿起餐厅管理报表看看，才发现居然追踪了这么多项目。稍有异常，系统就会提示，餐厅经理就必须检讨，做出改进方案。如果是食品安全的问题，当然不能马虎，但是很多都只是暂时的波动，实在不必紧张。

后来我要求修改游戏规则。追踪还是有必要的，但不必太大惊小怪，劳师动众。只要在一个容错范围内，就不必深究。花太多的精力去追求最后一点产出，事倍功半。不如大家把时间拿出来，做那些报表上看不出来的大事——如何把员工带好，把顾客服务好。

新制度推出后，一线员工都开心不已，而各种绩效指标还因此更好了。这再次证明管理的目标是把时间用在对的事情上，过与不及都不好。

如何交出年年漂亮的成绩单？

百胜中国的愿景可以用一个口号概括——**"洋溢盛世"**。1997 年我们餐饮事业部从百事集团拆分独立上市的时候，把公司中文名定为百胜（这是我提出的，也是我拍板决定的），寓意**"百胜百战，百战百胜"**。

换句话说，就是希望荣景不断，年年是好年，甚至一年比一年还要好。但这**绝对不是靠每年提高营业额或利润的目标就可以自动达成的**，而是要靠不断拿下高地，再清理巩固战场，一步一步才能完成的。这其中的关键是团队的能力要不断提高。

AOP 的事就交给财务部门去费心，不要太在意。如果定太高，他们日子也未必好过。反正达不成，明年或许就不敢乱定目标了。心理上如果像我前面说的，不为金钱做事，奖金拿少点就少点——你都不在乎了，他也就没劲了。反正他知道你会尽力而为，何苦非跟你过不去？最重要的是因为团队可以专心做事，成绩反而更好。就算偶尔短期出现点困难，长期还是没问题的。

如果你的最终成绩明显好于竞争者的成绩,股东、投资者、董事会、总部……都不会啰嗦的,鼓励感谢都来不及。

所以要设法跳出这个 AOP 的轮回。

记得打仗是**风林火山**。好的将帅,不停地观察战场,了解何处是战略高地,知道敌我虚实,不以一时的得失决定胜负。军旗一挥,精良的部队就上。你和你的团队迟早会获得全面的胜利。

3 赋予灵魂，建立好的企业文化

很多公司喜欢谈企业文化，花很多时间去撰写，又是愿景，又是准则，洋洋洒洒。但其实大家都大同小异，都是于我心有戚戚焉的盛世美景。当然有的强调积极进取，有的强调相亲相爱，也算突出一些自己的偏好，或是想要防备一些人性的误差。

我在百胜的时候，反复强调一件事情：每个人都要学会**"把对的事情找出来，再把它做对"**。如果大家问我留给团队最宝贵的 Know-how 是什么，我希望就是记住这句话。

逻辑很简单。成功之道，就是每件事的决策要好。这必须依靠每个员工一起做到。我们再了不起的 Know-how 教给他们，还是需要他们很好地执行，而且不断地挑战、创新，继续不断地迭代更新。

我们的责任，是一起创造和维护这样的文化氛围。

可惜的是，不是每个人都自然地就会把对的事情找出来，把它做对。很多人自小就已经被训练成乖乖牌，等着在系统里被指挥，被培养。面对周遭的错误，也不敢多言，唯唯诺诺。美其名曰明哲保身，但这些人一旦有机会，又会大吐苦水，埋怨公司，埋怨老板。

一个公司有这么多的负面情绪、负能量，如何会拥有一个好的企业文化？

好的企业文化，必须是大家一起解决问题的。

每个员工必须学习"勇气 + 技巧"

成功的不二法门,就是每个决策都是高质量的决策。这就需要每一个团队成员都有决心把对的事情找出来,然后把它做对。这个概念,大家应该都心向往之,但不是每个人都做得到,因为不是每个人都有勇气和技巧。

有的人没有勇气,只会私下埋怨公司决策不当。真的给他机会,他也未必会吭声,更别说带头改革。有的人则勇气十足,却毫无技巧可言,横冲直撞,得罪的人不少,没人喜欢和他合作。这两种人,都只会把公司搞得气压很低。

所以我一直要求团队成员**把做对事情当成自己的责任**,必须学着如何加强自己的勇气,更要学习技巧。

我们要的不是天生的匹夫之勇,而是孙中山先生讲的**"思想产生信仰,信仰产生力量"的那种道德勇气,那种决心。**

而**技巧则是需要不停地学习与积累的**。平时多看看会沟通的人是怎么说话的——哪些语气比较能让人接受,哪些过场转接是有效的;如何让对方愿意聆听,如何能达成真正的契合。

一个强大的队伍,是如此产生的。所以要帮所有的人由思想入手,建立共同的信仰,进而迸发强大的力量。然后一起学习讲究技巧,让合作自然而流畅。

公司领导的责任

想打造这样的企业文化,当然主要还是领导的责任。

这样的公司,绝对不能官大学问大。**讨论的时候,所有人都有发言权,甚至第一线的员工发言权更大**。有问题的时候,绝不是层层汇报,而是找到第一手的原始资料。在百胜,如果有重要的决策(如危机处理),我会直接找一线员工问情况,听意见。在我看来,官越大,代表越不接地气,越可能出错。

每个人都不能靠糊弄过关。任何人如果不能尊重科学逻辑,只会强词夺理,甚至耍赖,肯定要被修理,不能被纵容。如果有主管强压部属同意自己的观点,也肯定会被不给情面地揪出来。

同样的,任何卖弄本位、搞山头的,也不会被容许。任何人都可以质疑别的部门,每个人也都必须虚心面对所有的挑战。

但是**如果是部属缺乏勇气或技巧,一样也会被指出来**。

会议中如果看到有人肢体动作表现不同意,一定要请他大方说出来。同时要教他怎么提问，如何用讨论的方式，帮助大家一起思考，而不是只会反对。

不断地示范演练正确的合作方式，才是让企业文化落实的不二法门。

掐掉办公室政治的苗子

很多人都认为自己的工作环境里存在办公室政治（Office Politics），觉得工作很辛苦，很不值。但到底什么是办公室政治？每个人的讲法又不太一样。

有的说是公司山头太多，不知道该听谁的；有的说是各个部门太本位主义，沟通困难；有的说是变化太快，昨天说的，今天就全变样了。反正就是不知道自己到底是"为何而战，为谁而战"。

因为绝大多数的公司或多或少都有这样的问题，大家也会互相安慰，甚至老人会教育新人：不要太理想化，习惯了就好。慢慢大家就学着如何"做一天和尚撞一天钟"了。

其实仔细去思考，会有这样的问题，一定是团队的共识不足，各吹各的号，搞得没人知道什么是对的。一旦没抓准风向，就会徒劳无功，甚至招祸。

好的团队领导，必然要时时注意团队是否对重要的公司方向和策略都认同。**一旦出现不同的声音，一定要及时处理，不要压着捂着，更不要忌讳得罪人，不能纵容山头或本**

位主义的出现。

那些不能认同公司方向、坚持己见,或是价值观不同、拒绝学习成长的人,如果我们给了他机会,他还是不能融入团队,也只能挥泪斩马谡。至少我不是佛祖菩萨,没有能力普度众生。

如何说服他人？

很多人问我："自己明明知道什么是对的，但却不知道如何说服别人。该怎么办？"

我会回问他："你是如何说服自己的？""如果可以说服自己，为什么无法说服对方？""你们的差别在哪里？"……

其实我们绝大多数的人，尤其是进了同一个团队的人，应该都差不了太多，都拥有类似的主流价值观。如果大家得到的信息都一样，判断的结果应该也不会差太多。如果会有不同的意见，一定是大家得到的信息不一样。

与其气急败坏地假想各种阴谋论，跳脚攻击对方；或是拉帮结派，希望强行通过；抑或是唉声叹气，冷言冷语，还不如好好地思考，对方到底为什么不同意。

往往还是自己的工作没做好，没有了解对方的顾忌和历史经验。你眼中的美女，在他眼中是个老太太。

你如果有耐心聆听他、了解他，可能就会发现那的确是个老太太，是自己想得不够周全。当然也有可能是他没看到一些关键细节，所以没看出那是美女。但如果是这样，通过好好的交流讨论不就看懂了?更多的可能既是老太太,也是美女。那就不妨一起研究,看看该怎么办吧。

永远虚心的承认别人可能比自己看得多一些,但也要相信自己不是空穴来风。要想办法去整合。

4 善用会议，做好决策

在公司里除了一些固定的财务和人事规划的会议外，应该就是大家努力做事的时候。但事实上，很多公司开会的时间多，做事的时间少，难怪忙不过来。最后只能加班，耳根相对清净的时候还能做点事。

人与人合作，不沟通不交流是不行的，但效率应该要高。战场上的会议都不会长的。

很多公司以开会为乐。每周一高层先聚聚，互相通报一下近况，顺便提一下最近的一些想法，观察大家的反应，也表示对大家的尊重。CEO 有时也做个裁示，也就定了调。各个部门也有类似的会，部门的小主管也都要参加，大家要保持高度一致嘛。

真正做事的人想约时间做报告拿决定，就得一层一层往上走。如果需要跨部门审批，或要征求意见的，更得礼数周到,想办法约时间。搞来搞去,一个案子几个礼拜也搞不定。如果要动到大点的金额,还必须财务和高层签字,那就更不知猴年马月才能批下来。被征求的人也很痛苦,时间有限而且每个人都来找,还得静下心来听,做判断,其实也很难保证决策的质量。看大家都签字了,心想差不多就过了吧,反正最后掉脑袋的不是自己,何必得罪人。

这种会议或审批,其实没什么意义。每个人分开来做同样的事,都没有很专心、很彻底地了解全貌,想更好的办法。这哪里是依据 Know-how 做决策?

开会的目的不外乎两种:**保持共识和做决策(积累 Know-how)**。前面这种会就是吹风会、务虚会,后面的会就是真正做决定、出兵打仗的会。

陆　把管理做细：从组织设计到企业文化

保持共识不需要开太多的会

很多美国公司为了"保留人才"，也为了向股市或董事会证明公司除了有 CEO，还有接班人计划，就开始给一些高管更好的名衔和地位。我们当年在公司，总经理就是头了，后来变成总裁。这几年 CEO 更是泛滥，财务经理变成首席财务官（Chief Finance Officer，CFO），人事经理变成首席人力资源官（Chief People Officer，CPO）。慢慢地，各个部门的头，都成了 CXO。还要人为地设立首席运营官（Chief Operation Officer，COO），表示人才济济。即使这样，还担心不能让所有人满意，另外还成立执行委员会（Executive Committee，EC）。十几二十个人，高高兴兴地成为委员，每个月甚至每周开会，有的甚至要从国外飞过来开会。哪有那么多的事要这么多不同部门的人一起开会？不过就是吹吹风。真正的决策，一堆无关的人有必要都参与吗？该哪些人参与就邀请哪些人，何苦劳师动众？

我在百胜中国的时候，为了对应美国总部的人事架构，也有一堆 CXO，也成立了 EC。但我们 EC 很少开会，只是被邀请参加品牌月度报告和一些部门的年度或半年度报告。这样他们就可以知道公司的近况。

EC 比较重要的任务是人力资源评估（People Planning Review，PPR）。每年的 PPR，EC 成员必须参加，共同讨论人员的评估和后续培养、调动的计划。大家把人才摊开来，部门之间可以互通有无，这样人力资源才能畅通，也可以减少建立山头的私念。

互联网时代，即时通信如此发达，靠开会通报情况简直是开玩笑，其实就是维护高管"地位"的象征，蛮无聊的。这一类的会我一律不参加。反而是一般员工如何保持高度共识的会议，我比较在意，一年内有几次机会（如春节联欢）聊聊也就够了。

如何开会很重要

我这一辈子参加过很多别人的会，发现多半的会开得不好。有的就是听报告，然后主席点评一下，其他人问几个不痛不痒的问题，或者根本没在听，最后就决定了。一般都是做报告的人急着获得批准，旁边的人没怎么参与，最后还是看主席的裁决。这样的会没什么价值。

我要求开会有两个目的，每次会后要检讨是否都达成目的。一个是**对事情——是否都搞清楚了，对决策是否有信心？另一个是对团队——是否共识更高了，互信更强了？**

要达到这两个目的，主持会议的能力要很强。在百胜，我们要求中级以上的主管要接受如何开会的训练，但更重要的是高层主管要带头，在实际工作中以身作则——示范如何主持会议。

开会绝对不是单方向灌输，或是看谁的声音大、气势强。主持人应该观察全场，如果看出来有人不赞同，或是出现怀疑的迹象，就应该马上请他发言。有的人不是很会表达，讲不清楚自己的观点，也要帮他讲清楚。反对的意见，就算明显不对，也要帮他解释他的出发点和漏失之处，让他知道为什么意见没被接受。让大家在整个过程中了解，看不清楚或讲错话同样能获得尊重，没关系。重要的是每一个人都要利用这次讨论，彻底地把事情搞懂。

主席的工作是不断进入别人的世界，聆听他人真正的意见，并思考他为什么会如此去想。都听到了，再做最后的整合。可能从头到尾都只是帮大家分析，不需要讲太多自己的观点。

5 了不起的"委员会"

我反复强调成功的关键在于做好决策。如何让公司每一个决策都有质量和有速度是第一大事。

但多数公司的设计，已经不是为了这个目的考量——大家围着高管转，迁就他的时间，看他想干什么。

其实应该是反过来设计，围绕着公司的需求来规划——看公司需要做哪些决策，所有应当参与的人都应该在场，共同讨论，及时决策。

为了保证所有的人都在场，这个会应该早早就定好时间，每个人都放在自己的日历上。同时为了方便大家，类似的议题可以集中在同一天，由同一组人马（或基本上同样的人）陆续讨论。依据类似议题出现的频率和及时性，可以每四周或六周固定开一次会议（我们最频繁的是每两周）。这样一来，所有的员工都知道何时可以提出自己的方案，而且到时候一定会有结论。员工不仅可以掌握自己的节奏，对外部合作伙伴讲话也有底气，可以答应确定的回话时间。

我在百胜中国设立了十几个决策委员会，名字各有不同，但机制都差不多。有关于开店的、技术投资的、采购的，各式各样。

英文有一句名言："Never have decisions made by a committee"。当初我也曾被这句话弄得有点不太敢相信自己的想法。但后来搞明白了，就看你怎么制定游戏规则。

委员会的成员

记得决策的关键是 Know-how 吗？因此，委员会的**成员必须是能帮助建立 Know-how 的**，这样的委员会做出的决策才有公信力，大家才会服气。这个概念和我们一般讲的 Stakeholders 近似，但不完全一样。当然，每个议题需要的 Know-how 不完全一样，但同一个委员会处理的各个问题都是有共同点的。所以每个议题，委员会成员不变，但进来参与讨论的员工可以不一样。

选择成员依据的是可能的贡献度，未必都是高管。尽量多找些不同背景的人来参与，但也不能太多。总之**要把公司最有资格发言的人聚集一堂**。一个人不能有太多的委员会任务，要适度平衡。此外，某一委员会的委员一年内不能缺席两次以上会议（人性设计），但事实上大家都会把休假计划、外部会议的时间主动错开，因此很少人会缺席。

基本上所有决定都是共识决定。大家都是讲科学逻辑的人，平常共识度就很高，所以不难。真的难以形成大家都信服的决定时，就欢迎来找我（每个委员会都是我带头创立的，但一旦上了轨道，我就退到幕后）一起解决。**Know-how和投票没太大关系**。

我们有时也会邀请一些年轻的明日之星进来做委员，听听他们的想法。这也是给他们学习，同时让我们观察他们的机会。每个议题的报告人和参与人都可以先进来或留下来旁听其他项目的讨论，也可以提问题和意见。委员会也可能点名，要求他提想法，这才是真正的集思广益。Know-how就是这样积累的，而年轻干部也有了更多在高层面前学习和表现的舞台。

我们一般人所理解的委员会往往是政治任命，从意识形态看事情，看哪一派当权而做决定，与 Know-how 无关。这和我们的委员会完全不是一码事。

有人会反对吗？

在我推动新的决策方式的经验里，绝大多数的人都支持成立委员会的做法。不仅便于所有人安排工作进度，决策又有质量和效率，而且所有的决策都是放在阳光下，大家共同讨论出来的。道理清楚，没有暗箱，谁会反对？

但有些传统大公司训练出来的高管就会适应不良。以前自己关着门做决定，威风凛凛，还以为自己多厉害。别的部门的案子有时被他卡住，只能看他脸色，等他签字。现在必须放在委员会讨论，有时自己的意见还可能被几个年轻员工质疑甚至推翻，太没有面子了。

我说过人对自己管理最不好的弱点，就是 Pride——自我意识太强。很多人太要面子，没有能力，又不肯虚心补功课强化自己。在这个制度下，弱点全被曝露出来，当然感觉不好。这样的人不适合在我们这样的团队里。

其实在这样的环境下，每个人都有机会学习真正的 Know-how，也可能参与其他部门的工作，对个人的成长很有帮助。对一个不计较面子，只要求做出成绩的人是很好的环境。

可惜不是所有的人都可以这样。而且往往越是位高权重的人，越不愿平等地参与讨论，公开地作决策。

我这一套做法，也和美国总部及其他国家的百胜团队分享过，但看不出他们有太多效仿的意思。估计我们这一套也是在这些团队领导们的舒适区（Comfort Zone）之外吧。但也有个别的团队，不但听懂了，而且认真地去采纳。有时听到他们兴奋的战绩分享，我也非常高兴。

如何利用项目团队？

当一个公司策略混乱，各个功能共识都协调不好的时候，好的领导就可以利用委员会来解决一个个的问题，并且同时立下清楚的方向，慢慢地团队就开始上轨道了，然后就可以逐渐加速。

比较大和复杂的事情，可以利用委员会来研究 Know-how。但如果每件事都要花委员会太多时间来研究和解决，反而成为瓶颈，也不利于年轻团队的发展。这个时候就应该善用项目团队（Project Team）。

我常常向外国朋友解释为什么中国的经济发展又快又稳。那是因为我们国家的官员，尤其是重大政策的决策者，绝大多数都有工程师的训练和工作经验。**中国的经济发展就是利用工程的方法，把经济目标拆分成各个领域的工程项目，再分年执行完成**。几个五年计划，就把国家建设有序地推进到世界先进水平。和国外政党互斗、口水治国相比，高下立见。

在百胜中国，中级以上主管都必须学会如何使用工具，做计划管理。每一个计划谁该参加、扮演什么角色,如何制定时间表,哪些是关键事项等,开第一个成立会议的时候就要搞清楚,然后再按部就班,分头去做。

团队在中间任何环节如果碰到瓶颈,发现 Know-how 不足,都可以提到委员会请求帮忙。否则就在项目顺利实施后,向委员会提报申请结案,相当于把学到的经验与大家分享;当然也是给团队光荣表现的机会,可以得到委员会的认可与鼓励。

委员会真正的目的

其实没有人希望真的把问题拿到委员会上来讨论和解决，因为这会显得自己解决问题的能力不足。所以大家都会想方设法，在委员会开会前就把不同意见搞定。实在不行，也会做两案或数案并呈，并且尽量分析各自的优缺点。所以到了委员会开会的阶段，多半问题应该都已经基本清楚了。

各个项目团队肯定会先自己开会演练，确定自己的逻辑清晰，结论合理。负责相关委员会运作的责任人也会先开预备会议（Pre-meeting），帮忙把关，避免会议开的又臭又长。

等到真正开委员会的时候，思路清晰的报告，几分钟就结束了，根本不需要花太多时间。把时间留给一些真正难的，缺乏 Know-how 的问题。

这才是委员会的真正目的。让公司全员都知道，同心协力合作建立 Know-how 的重要性，也学会在自己的层级就可以打破部门藩篱，并且以科学有效的方法克服困难，顺利达成目标。

提前确认会议日程，其实是为了保证工作在那个时间点之前可以有效完成。真正有质量的工作，都是在会议前就已经完成了。会议是用来倒逼成效的。

如果有清楚的目标，又得到团队的配合，最后还能看到自己的付出得到认可，这对任何人都很重要。价值得以实现，那才是不浪费生命。

搭委员会这个舞台，非常有价值，真正体现了高层为基层服务的精神。

6 用创新加大引擎力

现在市场竞争越来越激烈,创新也越来越重要。但多半人都觉得自己没有那个天赋。虽然也学些头脑风暴(Brainstorm)的技巧,但黑板上写了一堆胡乱想出来的天方夜谭,好像也没什么用。外面雇了一些所谓的创意人员,也不见得有那么神奇。

我这辈子从不同的人身上学了很多不同的技巧,对我帮助很大。其中有一个英国人约翰·奥基夫(John O'Keeffe)起了关键作用,后面我会特别介绍。他把人的脑子如何运作搞得一清二楚,发明了一个三角思考法(Step-change Goal + Build Know-how + Innovate)。只要照着去做,往往能让人喜出望外。

所谓 **Step-change Goal**,就是给自己定个比现实状况大很多的目标。比如说,我要跳过三米高的墙,我就不会去练背滚式跳高法，而会去考虑撑竿跳。但如果我的目标是跳过长城，那就又不一样了。总之要让脑子跳出习惯思维，让脑洞开得大一点。

Build Know-how，现在你应该已经清楚了，就是**要给脑子里装上很多有用的知识**。如果自己不够，就找上团队里的其他人。三个臭皮匠，胜过诸葛亮。

Innovate 就是一个环境和一个过程。**让大家的脑子都轻松下来**，然后开始大开脑洞，把所有可能想到的东西都拿出来，互相激发。

人脑是很有意思的。当我们给它机会，让它任意地去连接各种信息和知识，它就会试着去碰撞。碰着碰着，就有火花了。

有用的火花

一个人漫无边际地胡思乱想，其实是在瞎猫碰死耗子。有些人学了一些工具（比如思维导图），但也只是逼着脑子不要卡在一个方向，要发散思考。一般的头脑风暴，大家被邀请参加，也是胡言乱语一番，想出来的往往都不具有可操作性。花了不少时间，但没什么效果。找来外部的广告公司或咨询顾问，因为缺少真正的行业 Know-how，也不见得高明到哪里去。

我是学理工出身的，本来以为创新是个天赋，老想着有人比自己强。但慢慢地就发现其实不是那么回事。

从 John 那里学习了三角思考法，我就觉得不妨试试。试了以后发觉好像还的确是那么回事，就比较严肃地带着团队一起试。越试越发现确实有道理，效果也越来越好。不光是脑洞大开，更重要的是**因为从 Know-how 出发，所以想到的主意都是可行的**。

肯德基每年几十款新产品，就是这么来的。后来，我们在每个领域上都试着用这个方法，力求突破创新。而这个方法的确是科学的，对我们各个部门的工作都很有帮助。

我个人也因此对自己创作的能力有了信心。退休后还拍了部电影，自己做编剧。把写 30 秒广告的 Know-how，运用到 100 分钟的电影上。

要好好谢谢 John 的 Know-how。让右脑的创意能力能够和左脑的知识互相连接。而且通过练习和经验，这个连接左右脑的桥梁越来越宽，越来越高速。自己都可以感觉到，脑子里的电波在来回奔驰，然后就是一个个的火花。

造钟的心态

美国的管理大师吉姆·科林斯（Jim Collins）著有一本好书，介绍造钟的概念。当人家问你现在几点钟的时候，最好的办法不是告诉他时间，而是帮助他造个钟。这样他就可以随时知道时间，不需要时时都来问你。

同样，当我们做决策的时候，应该记得多个心眼，造个钟。**把整理出来的 Know-how 记录下来，然后推广给所有可能有机会使用到的团队成员**。这样再出现类似问题的时候，就知道该如何决定了。这样对整体团队的能力提升有很大的帮助。Know-how 累积多了，知道如何做决策，就可以下放权力。被授权的人速度快了，效率高了，就会有成就感。授权的人也就轻松了。

我每次做决策的时候，都希望以后这样的决策不要再找我。因此一定要把决策的思路和理论基础讲清楚，让大家都理解。这样即使以后还可能有新的变化，再来找我，因为大家已经有一定的基础，讨论的速度也可以快一些。

每个人都可能创造出新的 Know-how，都应该受到认同鼓励，并且采纳为新的工作标准。百胜设有"造钟人奖"，奖品是一只手表。年终还有"造钟人大奖"，奖品是更高一级的劳力士手表，彰显我们对造钟行为的重视。

企业成功的关键，是不断地建立新的 Know-how，然后把这些 Know-how 教给所有需要的人，让他们第一时间就很容易地做出对的决定。

千万不要留恋凸显自己的重要——凡事必须过问，然后还觉得团队不行，非靠自己不可。这样不仅会累死自己，也会拖累大家。

必胜客每半年换一次菜单　　　　　　　　分享

必胜客这个品牌在美国基本上就是卖比萨。美国人的饮食习惯相对简单，翻来覆去就那几样，其中一个就是比萨。大人开趴、看比赛转播、妈妈懒得做饭……都会叫比萨外卖，小孩也乐意。

但中国的必胜客被我们定义为"欢乐餐厅"，做成了休闲餐饮，让没有西餐经验的中国人能通过必胜客认识西餐，认识世界美食。这个定位在20世纪90年代及21世纪初是非常受中国消费者喜爱的。必胜客以比萨为出发点，逐步扩充菜单，从饮品、前菜、小食、色拉，到意面、牛排、甜品，什么都有。由于我们研发能力的强大，每一个餐品都能让消费者耳目一新。

为了更加突出我们与竞争品牌的差距，让消费者更能享受餐饮的乐趣，我提出了每六个月换四分之一餐品的要求。这是全世界都没听说过的事，但我们居然也做到了。每年春季、秋季两次换菜单（有点时尚品牌的意思）成为消费者小确幸的一部分。必胜客的生意达到了不可思议的高度，全世界休闲餐饮还没有见过这样的例子。

随着消费者有机会出国,各种西式餐饮品牌大量推出,必胜客不再是当年那个"世界美食的稀缺窗口",但始终保持着很高的性价比和推陈出新的研发能力,还是很有竞争力的。在比较低线的城市,必胜客仍然是西式美食的首选。品牌每年还是可以有很好的成长的。

有意思的是,现在中国的大小餐饮品牌都积极创新,新产品的推出一波接一波。全世界的消费者都没有这么幸福吧?

7 培养真正的领导力

市面上谈领导统御的书汗牛充栋，有的强调愿景的重要，有的说执行是一切，有的谈企业文化，有的追求创新。各个公司一般都有作为人才评估依据的领导力模型。甚至高层、中层和低层还不一样。当年百胜美国总部就启动了一个项目，重新制定我们的领导力模型，以此来雇用和考核我们的员工。人力资源部门雇了外部的人力资源咨询公司做这个工作。

我对这个项目很好奇，研究下来发现原来人家是这么赚钱的：一是他们有一套标准的模式，但你不见得同意，他们也没法证明这一套好（别家也有不同的一套）；二是他们给公司现有高管做个调查，汇总大家有什么共同之处，然后就以这个为标准，说明这样的人在这家公司成功的概率高一点；三是由公司自己决定，员工投票或是 CEO 裁决都行。

多半公司还是选择征求部分员工意见，再由 CEO 选几条他觉得重要的，然后就这么定了。说实话，我看不出这里面有什么含金量。

当时问我意见的时候，我提了一堆我认为公司需要的领导力，大概有十几二十条。总部的 HR 就疯了。最多六条、八条就了不起了，这么多还叫模式吗？我这不是存心捣乱？

问题是一家公司的确需要各种领导力：远见、执行、分析、创意、热情、冷静、认同鼓励、沟通技巧……我当然知道每个人不可能都具备。但我们是个团队，需要的领导力，还是有机会全面具备的，也应该全面具备。可惜美国人不思集体，只知个人。虽然辩不过我，但还是有点悻悻然。我也理解，他们做不到这种以团队为基础的思考。难怪每家公司的领导模式都不一样，又有些雷同，没有太多科学的成分。

真正不可或缺的领导力，应该是整合团队力量的能力。好像没人这么提过。

什么是团队领导力？

一个人无法提供所有的领导力。我可能扮严父的能力强一点，就最好有人（比如 CPO）帮我扮慈母的角色。我的 CFO 必须做那个比较不讨喜的管家，我就必须帮她树立点威严。有的主管创意能力极高，但讲的话没人听得懂，我得帮他做翻译。我讲的话都头头是道，却没什么创意，也得靠他补强。总之，很难要求一个人五美具备，甚至我的长处也是我的短处，这就是一体的两面。

对于西方公司那种推崇个人英雄，然后希望复制到每个人的理念，我不赞成。那不现实。

还不如珍惜彼此不同的长处，弥补自己的短处，利用团队的力量，提供组织需要的领导力。何必计较谁的领导力才是最重要的？**大家根据需要轮番上阵**，只要把事情做好，不就好了？

所以说整合能力才是现代企业领导力中最重要的能力。一个好的 CEO，应该能善用团队成员不同的长处，共同提供公司需要的领导力。

对事情的处理，要能够集思广益，把不同的思考方式和经验价值整合成 Know-how，带动所有人学习和提升。对团队的处理，要能够让团队之间无私共享，互相帮忙，取长补短。单一的成员未必都是天之骄子，但作为团队，所向无敌。

人力资源的咨询公司又不喜欢我了，"都像你这样，我们还卖什么咨询服务？"

说来简单，做起来却未必容易，对领导力的要求是很高的。

首席执行官的角色扮演

现代管理学谈了很多服务性领导（Service Leadership）的概念。大意就是领导其实是为团队服务的。我前面谈到总部是为第一线服务的，也是同样的意思。

但还是有很多人口头同意，心里却未必认同。统领千军的领导怎么就变成服务生了？

好的企业，是所有员工为了自己、为了团队、为了共同的理想而奋斗努力的企业。但是他们需要有人提供方向，给予培养与鼓励，教他们Know-how，甚至给予鞭策。

CEO和他周围的人员（总部）必须满足这些需求，把问题和机会不断地挖出来解决，把一线需要的资金、决策、服务等源源不断地及时送到。越是大家不懂的问题，越需要CEO亲力亲为。更重要的是把团队协调好，大家保持共识（Alignment），不断推进。

一旦目标达成，或是成员不需要CEO太多的参与，CEO就应该后退，让团队可以自主合作，让团队成员也能成为好的领导者。

管理百胜的初期，很多时候我都是带头研究和解决问题，但到了后期，问题都很清楚，可以按部就班地去做了，我就改变角色了。我常常觉得自己扮的是品控（Quality Assurance，QA），就是在产品线上保障品质的那个角色。

当然，我还有些必须扮演的角色，好比政府和媒体关系代表、投资者关系代表。另外就是作为创意团队的一员，贡献经验，也可以吃吃玩玩。

柒

廓清迷局：
跳出林林总总的管理怪圈

1 用人不疑，疑人不用？

这句老话无人不知。我也曾被它蛊惑过。

当我开始要求利用委员会来做重要和新的决策的时候，有个高管跑来跟我说"看来你是不信任我了。"以往很多事他可以拍板，但现在需要在委员会上讨论决定。他的意见和大家的分量一样，失落感很强。我可以理解他的心理。

我的答案是**"信任不是个 Yes or No 的问题"**。如果我知道你有能力做这个决策，我绝对信任你；但是如果我知道你不见得能做好，我就不能盲目地信任你。

确实如此，有时我对自己都不敢信任。很多事情，不经过讨论，我也不敢相信自己的判断。

人都是可能犯错的，我们应该防范。**企业中设置很多互相牵制（Check and Balance）的机制是完全有必要的**。这些机制可以让大家更无后顾之忧。当然，这些设计应该合理，不但不能耽误事，还要作为建立、积累 Know-how 的重要环节。我一向欢迎美国总部的监督，主动要求从美国派人加入中国团队，一起打造中国的百胜。中国团队所有的决定都向总部透明。我向团队讲明，美国成员的加入，好比当年美国西部开发，运金车上一定有个手拿散弹枪的护运人员，目的一方面是吓退匪徒，另一方面也是监督运送的人不要有二心。我们希望总部充分信任与授权，就应该主动开放，接受监督，何况这些美国同事，因为看到我们谨慎决策的态度与流程，反而都成为我们最大的支持者。

柒 廓清迷局：跳出林林总总的管理怪圈

该不该授权？敢不敢授权？

适度的授权是必需的。否则效率不可能上去，人员也不会觉得自己有成长。

很多人不敢授权，担心万一事情做不好，还是要自己出来收拾残局，所以还不如自己做了。乍听之下，觉得似乎还蛮有道理的。

其实先不用太担心。我第一次去美国大峡谷的时候，看见有人骑骡子下峡谷，就依样画葫芦，也骑了个骡子。越走越害怕，总觉得随时就会摔落山谷，小命不保。终于忍不住问了带队的一句："行不行啊？"带队的回了我一句，终生受用："你放心，它比你还怕掉下去！"

你授权的都是对你而言相对小的事，但对下属而言就是大事，他会比你还努力地去做。如果 Know-how 早就很清楚了，多半都会有皆大欢喜的结果。就算出点差错，也不会地动山摇。而且不经一事，不长一智，下次他就会了。

我对**任何工作的第一个想法都是这个工作可以交给谁去做**。我慢慢地发现几乎没什么事必须我自己去做（很多委员会，我也慢慢都退出了）。我就**专心思考大的、远的事，要不就是把那些老大难的事找出来考考自己**。

再后来，就可以退休了。团队都会了，还需要我吗？该学会我不在的日子怎么过了吧？

不要被"反向授权"

很多人有很好的服务心态,乐于助人,来者不拒。下属有任何问题,都乐于帮忙解决。没事还会去嘘寒问暖,看看还有什么可以帮忙的。也有些人天生喜欢挑战,看到问题就想去解决,巴不得大家都来找他。这些人都是劳模,再世雷锋。对公司贡献这么大,应该得到大家的认可和嘉奖。公司有这么无私奉献的员工,确实是一大幸事,我们应该感到庆幸,对他们表示感激。

但对公司而言,过度地鼓励这样的行为,其实不见得是好事。

我们真正希望看到的是团队里的每一个人都能发挥他的潜能,能相对独立地思考和解决问题。如果大家都有依赖的心理,凡事"反向授权"给喜欢帮忙的老板,结果就是自己不用多思考、多学习了。这其实就形成了一个"瓶颈"。凡事都要等他来提想法,给意见,甚至马首是瞻,大家都习惯了以他的决定为是。

我们要提防自己成为瓶颈。不要随便把别人应该解决的问题（除非是他确实没能力的）抢过来。一定要随时注意我们要不断提升团队的自主决断的能力。更不需要老是证明自己才是团队中不可或缺的灵魂人物。

西谚有云："不要把别人背上的猴子背到自己身上（Don't take the monkey off other's back）"。让别人学着自己去面对挑战。帮忙过头了，反而耽误了别人的成长。

如何拿捏好这个尺寸，很重要。

2 管理风格的讨论

人是很复杂的动物，每个人都有不同的个性。

这种与生俱来的差异性，从好的一面来看，增加了人类相处的多样性，可以是种乐趣；但从坏的一面来看，则增加了相处的难度。

过往的社会希望物以类聚，大家志同道合，这样合作起来比较顺畅。但是，也因为如此，对非我族类的人形成了壁垒，甚至可能成为歧视性的偏差（如性别、种族、地域等）。现代人提倡包容，甚至开始在法律层面进行规范。大家开始注意到宽容对待不同思想的重要性。这是人类文明进步的一个现象。我们确实应该多看看不同的视角，听听不同的想法，容许不同的风格。

尊重别人的想法，当然不代表认可对方的想法就是对的或者是最好的。只是我们为了能够更耳聪目明，还是应该对不同的见解多花点心思，务求甚解，探索其中的不同和优劣之处。对自己的一些偏向，也应该不时检讨是否管控得好、能否有效地达到目的。

这是一个平常就要修炼的本事。能看到越多、看清越多，就越能不惑。我接下来举几个常见的管理风格的差异，同时讨论分析其中的关键。

集权 vs 分权

中央集权和地方分权各有利弊。前者可以保证对全局管控高度的一致性；后者则可以更接地气、更及时有效。到底孰优孰劣？孰重孰轻？这个"中央"和"地方"可以是地理上的区分，也可以是心理上的区分。任何一个大的组织，区域广了，层级多了，都会面临这样的问题。很多快速成长的企业，都被如何去授权困扰着。

其实这要看是做哪一类决策。如果高阶和低阶的人同样有能力做决策，我们应该**优先让比较低阶的人做决定**。不仅仅是因为速度和接地气，单从人员培养的角度就应该如此；而且还可以空出高层更多的时间，去做更难、更重要的事情。这个道理说起来简单，但很多人还误以为是反过来，以为是防范低阶的人犯错更重要。

我们应该做的，就是不断累积 Know-how，然后做成手册、教案，教给低阶员工，然后鼓励，甚至要求他们必须学着做决策，然后考核、肯定。总之，尽量更早、更接地气地做决策。

但是与此同时，对**不会不懂的问题，一定要立即向上通报**，不可以压着捂着，乱做决定。**依据问题的难易程度来决定谁做决定，这才能保证最好的决策品质**。一个高效的企业，一定要弄清楚这个授权的关键。不可以僵化地以金额大小或级别高低为授权的依据。

我虽然是 CEO，但是几亿的大采购、大投资，只要是团队已经清楚的事情，我都可以放权让他们快速决策。但与此相反，困扰大家、没人能解决的小事，我反而会自告奋勇，免得团队花太多时间，甚至小事变成大事。

民主 vs 专断

团队做决策到底应该是民主多一些，还是专断多一些？

照道理，不管是黑猫还是白猫，只要能抓到耗子就是好猫。决策的质量高最重要，不要拘泥于过程是否民主。很多能干的老板，发现团队与自己的差距比较大，沟通起来费时费力，征求意见也往往乏善可陈，索性就自己当机立断，速度快，效率高。一个优秀的管理人，确实也能带领一批忠实的干部，打造出成功的事业。

只是这样的团队，习惯"一言堂"的决策方式。事业小，老板年富力强的时候都不是问题，等到挑战多了、大了，就可能会出问题。大家等着老板做决策，就会出现瓶颈。有些新的问题，老板也未必懂得如何决策。好的人才也未必喜欢进入这样的团队。

团队的能力不该集中在少数人，而应该分布在各个角落。我们应该带动团队学习如何思考，如何做决策，也应该让团队成员有机会表现自己。

好的领导应该让团队有机会去参与决策的各个过程，在

过程中听取意见，同时观察成员的能力，并且给予认同鼓励，也可以适机给予教导。

最后的决策，当然不是谁的声音大，或是哪一派的支持者多就来做决定。大家都可以发表意见，**但最后还是要做出决断，找出最好、最合适的行动方案。**

主观上我们希望民主的成分多一些，让大家都能参与，但客观上我们也不能当断不断。

宏观 vs 微观

当领导有时挺难的——管得多了，被人家说是管得太细（Micro-management），让下面的人失去动力。于是努力去做宏观的事，每天谈愿景、战略，凡事抓大放小，给团队足够的空间。只要达到 KPI，就论功行赏。反之，则该问责的就问责。听起来，似乎也蛮有道理的。但事实是这样吗？

好的决策，细节是非常重要的。所谓"魔鬼藏在细节里（Devil is in the details）"，确实如此。放任或甚至期望团队能够自己把问题分析清楚，找到最好的解决方案，还要及时有效，很多时候是不现实的。而且各种疑难杂症，或是需要跨部门协商合作的难题，更不是少数的个人能够去协调解决的。领导如果不能够及时参与，甚至带头去挖出症结，想出解决的办法，只会让团队浪费时间和精力，结果还没有效率，这又何苦呢？就算事后可以问责，但已经错失时机，又于事何补？

掌控宏观的大局，当然是领导的主要职责。部署阵地，调兵遣将，也只有将帅有这样的全局观。

但是，如果故步自封，误以为执行的事都可以交给部属，诸葛亮再厉害，也会被气死。

好的管理者，要有直升机的能力，既可以飞在高处，眼观四路，耳听八方；又可以直降到轮胎接地（Where rubber meets the road）。这种接地气的决策方式，才是正路。如何掌握这个"度"，值得深思。

扩张 vs 聚焦

这是一个常见的问题。当企业发展到一定阶段的时候，是应该扩张？还是应该聚焦？原来只做华东的，是否向其他地区进军？原来只做细分市场的是否该挑战更大的消费需求？原来只做单一或少数产品的是否要扩大产品线？支持扩张的人当然是看到了更大的商机。而反对的人则担心战线拉长了，反而让自己捉襟见肘。

理论上，一个团队应该不断地扩张，为股东创造更大的价值。消费者和客户往往也希望你提供更多更好的产品和服务。所以我们的**态度应该是积极的**。

但是我们的**决策必须是审慎的**。不要轻视了扩张带来的挑战。

关键还是我们的能力。如果能力够强，不会因为进入了新的领域，就降低了自己在原来领域的竞争力；而且还能在新的领域与新的竞争者一较高低。如果是这样，那为什么不扩张？

反而言之，如果能力不足，就不该扩张，应该优先聚焦，把自己的主要业务做到尽善尽美，再来谈扩张。

美国肯德基很羡慕中国肯德基品牌内涵那么丰富，不是只有炸鸡而已。但是自己每次想跨出一步，又不能做得让消费者满意，只能回头聚焦。倒是中国肯德基，不停培养新的能力和引入新的技术设备，从炸鸡专家成为多品类专家。

关键还是在 Know-how。一步一步地积累 Know-how，自然就可以越做越多，越做越好。否则每次扩张，就是问题的开始。

热情 vs 理智

很多人非常有热情，也喜欢带着热情做事，觉得与团队一起热火朝天地干活快乐无比。我也很高兴有这样的团队成员，不断地发散正能量，鼓动其他成员乐观热情共同努力。

团队充满正能量，当然是好事。但**热情不能代表 Know-how**，甚至可能让脑子发热，做出错误决定，甚至是大错。中外历史上有不少鲜活的例子，因为君主头脑发热，或是穷兵黩武，或是劳民伤财，搞得国家元气大伤。企业管理的课程里也多的是美梦破碎、含恨结束的案例。我自己也见过不少企业领袖，凭着无比的热情，带着团队，追求理想。但往往错判了形势，低估了问题，盲目地投入到不该进入的领域，甚至误以为自己是大神，瞧不起对手，轻估了行业的规律或国家政策，以至于从天上坠落凡尘。

热情是可以加分的，但不能取代科学和逻辑。越是热情洋溢的人，越应该耐下心来，跟自己过不去，检查自己的思路。最好找几个与自己思路相反的人，帮助自己发现死角。千万不要以为一时的成功就代表自己一贯正确。要想做一个持续发展、基业长青的伟大事业，绝不是那么简单的。

我个人属于理工特质，喜欢辨证，重视思考的完整性和逻辑性。但我很高兴团队中有比较热情的伙伴，他们可以把团队的气氛搞得很嗨，让大家干劲十足。

有这样的搭配，干活不累。

但千万要记得，激情过后可能就是错误的开始。

王道 vs 霸道

中国人很早就知道成就事业可以有不同的做法——王道或霸道。

霸道比较简单，基本上就是胡萝卜加棒子。想要什么样的结果，就直接要求。觉得重赏之下必有勇夫。需要用人的时候，许以金钱名位，让人拼命去达成。但如果达不成任务，或是不照自己的想法去做，就是大棒伺候，非得拿到想要的结果不可。简单粗暴，但一时之间往往效果不错，只是时间长了，没有人会真心喜欢如此无尊严的工作。

王道与此相比，就难太多了。讲究的是以德服人。大家为了相同的理想和抱负，共同打造一个伟大的事业。成功是因为创造了条件，自然发生的结果。王道虽然看起来难，但效果才是长远的。

西方文化会有急功近利，没有太多王道的榜样可以让人学习。以霸道的方式，强取硬夺，还觉得其他国家会像他们一样，与他们争霸。就连企业管理，虽然公司的信条都写得很温情，以人为本，但管理人员缺乏真正对人的认识与尊重，常常做得让人寒心。慢慢的大家也就习以为常，见怪不怪了。

我们中国人有这样的智慧，不必去学他们粗暴的那一套。应该坚持走王道，认识到能在一起工作的每个人都是缘分，都要珍惜。与人为善，共同求进步。好的人才自然会想加入，也愿意留下来。每个人也才会越来越进步。虽然走王道有时考验我们的耐性与技巧，但这些是绕不过去的坎，我们必须得学会。而且一旦掌握了窍门，一辈子受用。

德不孤，必有邻。

强硬 vs 软弱

可能有人会说，王道是不是太软弱了？会不会被人骑到头上或是占了便宜？

霸道的人确实让人害怕，让人不敢挑战他，只能顺服地照他的要求去做。王道的人也确实容易被人轻忽，以为他是软弱，甚至会被欺负。但这都是一时的表象，路遥知马力，日久见人心。我们要看的还是长期的成果，不是一时的得失。

王道并不是软弱，更不是屈服于强权，而是聪明地认识人性善恶，设法以善意的方法引导大家往善的方向走。

王道的管理也不是一味的宽宏大量，容许他人不停地犯错。事实上我们所有的管理，不能都只靠正面的鼓励，必要的纠正也非常重要。只是当我们进行必要的恩情提款时，一定是要出于爱心与善意，而且要讲究时机和技巧。

我们管理的工具箱里，各种正面和负面的技巧都应该具备，也都应该能用得恰如其分。

该强硬的时候，还是要强硬。如果对方是朽木不可雕，我们也必须坚决地把石头搬开，好让团队可以把对的事情做对。否则就是软柿子、烂好人。王道不是这样的。

要学会坚定自己的信念，但不轻忽任何的挑战，稳步向前，披荆斩棘。

风林火山。

3 防范踩雷

我在这本书中一直强调，大道至简。成功的道路是很清楚的，由自己从小处着手，把基本功练好，逐步提炼和志同道合的人共求进步的能力，学会仰望星空，察觉自己的机会，认知自己还需要建设的能力，然后脚踏实地，一点一滴地通过实际碰到的问题与机会，探索最好的决策，并且提炼出其中的Know-how，让自己和团队在将来的决策中越做越好，越做越快。

把这些功夫练好了，方向选定了，就可以逐渐放快步伐，在正路上奔驰，甚至有坐上飞轮（Flywheel）的感觉。

我也一再警告，人是容易犯错的。一不小心，就可能偏离正路，误入歧途。而且大家对这个可能性普遍警觉不够，甚至有时候还以非为是，振振有词。很好的企业，很好的人，很努力地工作，却事倍功半；忙忙碌碌但乏善可陈，似乎成了很多企业的常态。

我在第肆章中已经列举了一些常见的误区，也是我们个人做决策时常见的毛病。作为一个企业，尤其是大型企业，不断面对新的挑战的企业，更要特别重视。这些个人不好的习惯或思考方式，会形成比较大的雷区。

我们在正路上奔驰，当然要学会知道雷区在哪里。

柒　廓清迷局：跳出林林总总的管理怪圈

认识自我意识的危险

美国人也知道团队的重要，自己告诉自己"There is no I in team"（team这个英文字里没有"I"这个字母）。换句话说，团队中不该突出"我"。但这都是表面谦虚，不要太当真。他们下一句就会说："这个团队需要有个人来带头，我必须要站出来。"其实想的还是自己。

心理学早就研究得很清楚，人都有自我意识（Ego），都想证明自己存在的必要与价值。为了做到这些，人会积极做事，但做的事可能是对的事，也可能是坏的事。**东方文化知道它的危险，所以教导我们，如何放下自我**，但还是有很多人终其一生跳不出。**西方的管理思路，则往往利用了这些诱惑，让你拼命向前。**

Ego太大有什么不好？缺点太多了。首先就是高谈阔论，其次是眼高手低。因为怕露馅出丑，往往不喜欢讨论，不愿意学习。看不得别人出风头，恨不得都是自己的功劳。带员工都是帮他做苦力，做不好都是因为员工朽木不可雕。这样的人虽然可能个人才智能力还不错，但一个人再厉害，也难以扛起大旗。Pride 真的不是好事情，难怪是七宗罪之一。

Ego 太大，还不能改的人（有些人还理直气壮地觉得这才是对的），我是不会用的。等于大家都卡在他一个人身上，付出的代价就太大了。好在中国的传统美德让我们至少知道"满招损，谦受益"的重要，多半人还是有些收敛，可以被提醒，可以至少装一下谦虚，一般不会太过分。

在我的管理经验里，越优秀的人，往往 Ego 越大，如果没有很好的警觉，放任下去，对自己对团队都会造成问题，十分可惜。

凡事都试试再说？

很多人喜欢测试，尤其是现在，大家拼创新、拼速度，为何不先测试后再说？我们也被软件训练了迭代思维。1.0 不行，还可以 1.1，何况还有 2.0、3.0。如果都坚持搞清楚了再做事，似乎就跟不上时代的脚步。是这样吗？

我是学理工科的。拿过硕士学位，发表过论文，不可能不懂测试的重要。但科学的测试讲究的是完整的设计，针对研究的目的，把各种变数掌控在有限的范围内，再小心地进行测试，证明假设的正确性。测试要有对照组，还要双盲，才能科学地拿出结论。一般快消产品的市场测试，反正不牵涉人命，马虎点没关系，严格来讲是不科学的。但通过测试，多少可以看出些消费者的心理，避免盲目上市的损失，我也赞成甚至坚持做测试。

但**很多所谓的测试，根本不是测试**。主事的人都没想清楚，就上了再说。说是测试，**其实是思考的怠惰**，懒得与团队探索争论。还美其名为"摸着石头过河"，让人不好说他不对。

测试错误是有代价的。**不但浪费金钱，浪费时间，还会消磨团队的意志和信心。**

所以，我要求团队不能随便做测试。测试前一定要把假设的情况搞清楚，至少理论上有一定的机会。辩证好了，设计好测试方案，知道要追踪什么，如何判定是否可以推广等都要事先想清楚，谋定而后动。

少走点冤路，少交点学费，很重要。尤其不要为小事而乱大谋。将军赶路，不追小兔。

4 别被新概念搞昏头

我们这一代人何其有幸,看到了天翻地覆的变化。从农耕时期演进到工业革命、资本市场,从缺衣少食发展到丰衣足食,甚至奢华享受。因为有了这么大的变化,才有了我们的机会。但也因为有了这么大的变化,我们的成绩也可能稍纵即逝。

有些变化还可能简单应对,但有些革命性的变化很可能超出原来的 Know-how。本来很强大、很能做决策的团队,一下子反而搞不清楚该如何应对了。

由于人的复杂性,很多在自然科学容易辩证的事变成社会现象的时候,就会出现各种不同的解读。大家从各自的视角做不同的解读,还都有自己的粉丝与市场。如果我们不能小心地去鉴别,人云亦云,就可能"不识庐山真面目"。稍不注意,就可能判断失误。

我们现在还是处在互联网大发展的时代，资本充沛，中间人（基金和财务顾问）系统无孔不入；科技普及，计算机运用的成本降低、速度加快；政府的鼓励和支持不断增加；还有更多、更基础性的创新变化在等着我们。这还不包括全球政治角力带来的人为变局。

"不变等死，变了找死。"到底要不要变？各种会议、论坛参加了一次又一次，越听越清楚，还是越听越糊涂？千万别被新概念搞昏了头。

柒　廓清迷局：跳出林林总总的管理怪圈

资本过多带来的冲击

近年来，以美国为首的西方国家，大量进行量化宽松，放出新的钱。绝大多数的钱都进了富人的口袋（其实是账户）。富人钱多了不会多买鸡蛋、猪肉，所以物价看起来不涨（其实是被物价指数盯上的品类不涨），但富人买的东西其实都涨价了。早期涨的是地产，但现在政府都学会了如何用政策手段保障房价平稳，以免形成社会问题。但钱还是在的。难怪利息越来越低，股价越来越高。也难怪私募基金越滚越大，这些钱都是富人多出来的钱，给这些基金管理人拿去闯荡。这些钱其实也都是"热钱"，去到哪里，哪里就出现泡沫。

基金管理人看到富人有这么多的钱，就会想出各种理由把富人的钱拿过来。投资人能不能赚到不清楚，他先赚个管理费。并且形成一条完整的产业链。我做风投，你做中程，他再做上市，一段一段接手。每一段都能把估值提升，皆大欢喜。上市以后，那就是一般投资人的事。很多独角兽、本梦比的天方夜谭就是这么来的。反正故事说得好，牛皮吹得大，就有人给钱。不赚钱不是重点，谈赚钱就是思考落伍。

科技创新更是好的炒作素材。好像所有的传统行业都会被取代。无人机会送货，炒菜机可以取代厨师，无人驾驶才是未来。大家都被糊弄得半信半疑。科技当然让很多事变成可能，但是否都有实用价值，还远远没有被证实。

这种时候如果定力不够，就可能会随风起舞，甚至被牵着鼻子跑。

要小心这些说故事本领一流的"资本"，它们还会告诉你"资本比你聪明"。你要真是信了，就笨了。

"互联网思维"

很多"科技"业者瞧不起传统行业,高举"互联网思维"大旗,觉得未来一定是他们的。这些"科技"公司高喊几句口号:"天下武功,唯快不破""打破所有藩篱""科技解决一切"……看起来威风凛凛,又有资本撑腰,一时之间确实是天之骄子。

面对科技带来的机会与挑战,很多传统企业的确都遭受到巨大挑战。原来的 Know-how 反而成了绊脚石。缺乏对科技的认识,又不懂得如何把科技整合到自己的商业模式里,眼睁睁地看着业务流失。在这些科技新宠眼里,难怪有些鄙夷。

不过,科技只是工具,不是本质。我们可以利用科技来增加自己满足消费者的需求能力,但不应该狂妄地认为消费者在科技面前就是一堆数据而已。

现在资本市场追捧"科技",烧钱越多反而越有理。由于可以拿到更多的资金、更高的估值,搞得大家都讲自己是"科技"公司,唯恐被拿来与传统公司做比较。有的人更是走火入魔，干脆认定未来一定是科技世界的。

实践是检验真理的唯一标准。太多的胡说八道，都缺乏严谨的逻辑，对人性的理解也简单粗暴。**实际推动中未必可以得到消费者真正的认同。**

我们应该努力把科技运用到所有的层面，但真正的Know-how还是要靠不断地去努力积累。

很多"科技企业"逃避责任

很多新兴企业借着互联网或其他新科学技术的兴起，又有资本的推动，得到了发展。加上国家对一些创新的鼓励和包容，没有估计到社会成本而放宽了约束，甚至给予税收的倾斜，让这些企业可以走在法规之前。这些"新经济"企业冲击了部分传统企业。这个现象是否对国家、社会有利，值得探讨。世界各国（尤其是欧洲）已经开始觉醒，像 Uber、Airbnb 这样的公司都开始被检视是否规避了行业应该有的责任。

有些公司得益于私募基金追捧科技的高估值，坚持自己是"科技"业，但实际上只是通过互联网把各方联结起来，不愿意承担对各方的审核和监管的责任，甚至逃避自己对员工的责任，硬掰自己只是平台，不承认自己是雇主的地位。还得意忘形，自以为聪明，嘲笑传统公司。有高估值撑腰，的确会让很多传统企业怀疑人生。

这些现象是一种道德的倒挂。钻了空子、胡乱瞎搞的，居然胜过兢兢业业、奉公守法的企业，还沾沾自喜，自以为成功。

我觉得这是另一种因"热钱"形成的泡沫,不是正常情况。但事实如此,不因主观意志而转移。坚持走正路的人,要如何对付"魔高一丈",单靠感叹无用,倒不如努力去影响主流的意见,让大家都认知这种倒挂现象的不可取。

正义是靠大家争取来的。好的企业不能只是低头做事,需要带头做好沟通,争取营商环境的公平、公正。

捌

看到与看透：
在中国做大做强的机会与挑战

1 中国企业崛起的绝佳时机

中国在改革开放之后迎来了前所未有的崛起机会。中国人的勤奋为全世界提供了价廉物美的各种产品。中国非常有魄力地大搞各种基础建设，让生产的成本降低，效率提高。中国在很短的时间内就成了世界最大的制造国和出口国。

但简单的制造业 Know-how 简单，竞争壁垒不高，随时都有可能被后发的贫穷国家取代。

好在中国人聪明，懂得如何不断地提高自己的技术，向世界最高水平挑战。改革开放以来，中国年轻一代有机会接受好的教育，进入世界一流的企业工作学习，再加上赶上了新的科技革命。由于没有太多的传统包袱，直道超车，在很多领域都取得了令人欣喜和骄傲的成就。

在国内市场，这个势头更是强不可挡。很多跨国公司都开始发现本地竞争者越来越强，难以再维持市场的领先优势。由于科技的不断演进，尤其与消费者有关的商业模式，原来赖以支撑的老招数，一个个都不灵了。反倒是很多国内的品牌，受到消费者的追捧。

在不少领域，尤其是一些特殊领域，国内的企业获得爆发式成长。中国市场巨大，就算只是在中国排名靠前，也可以进入世界排名靠前的行列。

还有很多新的企业也都怀着雄心壮志，梦想着自己展翅高飞。如果一开始就能走在正路上，坚持下去，机会非常好。我们前面谈了一些基本功，后面就接着谈如何把基本功运用到大型企业的组合拳里。

2 挑战共存，企业发展大为不易

我们餐饮连锁业就有很多这样的例子。很多品牌初期很红，在地方上很受消费者喜爱，就开始复制。成功了几家、有点名气以后，房东的邀约不断，开出的条件也很优厚，这些品牌信心十足。五家、十家……在中国任何一个大中城市都是小菜一碟。如果它敢于跨出本地，在地图上随便数数，几百家几千家的规模也不是不可能。

但事实上，能够把餐厅复制到千家以上规模的屈指可数。**绝大多数的品牌在扩张到几十家到两三百家时就已经很辛苦了**，很多品牌因此就垮掉了。

管一家店虽说不容易，但至少在眼皮子底下。管五家店，也能常常去盯着，问题也不大。一旦超过这个量，就需要别人帮你管理了。如果二三十家店以上，或者去了不一样的城市，就可能还要增加多一个管理层在中间。

如果每个店都安稳，可能还好，但就怕风吹草动。进了一个新城市，消费者对品牌不认识、竞争激烈、员工不稳定、供应跟不上、房东出问题……每件事都不可能简单解决。好不容易处理完了，另一个问题又出来了。

尤其是餐饮业。每一个餐厅都是麻雀虽小五脏俱全，又有生产又有服务。每天要面对大量的消费者，每个人的需求都不一样，但每个人又都是上帝。你怎么办？

聪明的品牌就用加盟的方式发展，收加盟费就好，麻烦留给经营者。但这样的做法容易出现别的新问题。

人多好办事，再多就麻烦了

万丈高楼平地起。绝大多数的企业都是由小做大。随着中国市场的成长，很多小企业开始取得小规模的成功，得到了消费者的喜爱。

多半的企业都会扩张。一方面为了赚更多的钱；另一方面是必须扩张，否则小打小闹，在汹涌的大市场里随时都会被长江后浪推前浪，因此必须不断进步。短板要补齐，长板也要加长。

于是一面扩充，一面招兵买马，逐渐让自己的团队越来越专业化。不能再是校长兼打铃，什么都自己上阵。组建团队当然是好事。有人搭配，干活不累。

但这种好景往往并不长久。几个、十几个人的小团队，大家亲如一家。一旦到了几十人，不知为何问题就出来了。而且像打地鼠游戏一样，此起彼落，问题不少。你再懂得如何以身作则，勤奋地与团队沟通，但成长壮大之路似乎艰难异常。

制造业的扩容相对容易一些。客户需求比较单一，买更大更多的设备，不断雇用新员工……由于工作内容相对单纯，虽然数字上看起来很大，但需要的 Know-how 没有太多的变化。

服务业就不一样了。每一个员工都要拥有为顾客全心全意服务的能力，而顾客的需求又往往比较复杂。制定了一大堆 SOP（Standard Operating Procedure，标准作业流程），往往执行的时候不能令人满意。天高皇帝远，鞭长莫及。

企业发展的瓶颈

企业发展的瓶颈有以下几类：

- **市场瓶颈**：扩充不能盲目。以前消费者选择不多，好的商业模式可以遍地开花。现在必须谨慎从事，多做调研，否则就是给自己制造麻烦。

- **资金瓶颈**：就算商业模式是可以盈利的，可能还是要烧钱。开店、买设备、买原材料、买办公设备都要钱。对团队投资也可能需要先行，哪里都需要钱。如果是大公司下属的单位，问题相对容易解决。如果要不断募资，那就非常花时间、花心力，于是能够花在管理的时间就变少了。

- **供应瓶颈**：小规模的采购，类似上菜场，问题不大。一旦有了规模就不一样了，价格和数量直接挂钩，还要供应商保证安全及时，不能出问题。规模再大一些，就需要和供应商建立既稳定又与时俱进的合作关系，确保供应保质保量、不缺位。

- **人力瓶颈**：虽说肯花钱都能招到人，但招到对的人才是关键，尤其是不在眼皮子底下的人才。如果没有可以托付的管理人员，再好的机会也无法把握。

- **能力瓶颈**：在我看来，所有的瓶颈都出自能力上的瓶颈。如果团队有足够的能力，这些都可以迎刃而解。关键还是有没有对的 Know-how。

商业模式往往不能放诸四海而皆准

有些人误以为一个公司或一个品牌就是一个商业模式。或许对某些简单的行业而言,这话说得没错。假如我是做代工的,专心把成本控制到最低、把顾客服务好就行了。但多半的行业没有这么简单。

以肯德基为例。虽说只是一个品牌,但需要的商业模式却非常多。同一个城市,精华商业区开的店和住宅区开的店就大不一样。店的规模大小、设备配置、人员安排、装修投资等都需要有不同的考量。如果在机场或高铁站开店,则需要变换另外一种思路。一家店是否 24 小时经营、做不做外卖,卖不卖早餐等很有讲究。如果你以为靠一种商业模式就可以打造出现在的肯德基,你就大错特错了。

在不同地区,对消费者的考量大不相同。你的品牌越想接地气,就越不可能仅凭三招走天下。

很多跨国公司因为当年的巨大创新优势,碾压弱小对手,养成了傲气。误以为世界可以一统,妄想人人只喝可乐,血管里只流动着番茄酱。虽然"成功"了很多年,但事实证明消费者没有那么笨,可以糊弄一辈子。

现在的市场,只有认真地深挖每一个细节,才有可能找到一个个可持续发展的商业模式。模式越多、越精准,就可以发展得越快越好。

如果没有积累 Know-how,随意扩张,就可能犯错。该赚的钱没赚,不该亏的钱先亏了。

3 开启未来的钥匙：新的 Know-how

在扩充和复制的过程中需要很多新的 Know-how，而且以前想都没想过。

绝大多数的人都不懂如何筹资。既不知道谁是合适的投资者，也没能力去找投资者。中介帮你找来一堆，需要一个一个谈。每个人都吹得天花乱坠，眼花缭乱。等到过细节的时候，也不知道哪里藏了机关，设了陷阱。原来还算清楚的愿景和规划，谈完了也可能就变样了。需要的资金解决了固然是好，但带来的影响是福是祸很难说。很多基金说的比唱得好，提供不了什么真的 Know-how，搞不好还带着你走了错路。

解决供应的问题也不容易，很多餐饮业都在这上面栽了跟头。每个城市的物流和供应情况都不一样，不是每个项目都有一样的解决方案，这成为很多管理上的问题。很多人想釜底抽薪，改变自己的配方，或是用工业化的手段去解决，结果直接动摇了消费者的感受。厨艺和科技如何结合，事关微妙的物理和化学的作用，绝不可以轻视、忽略。

同样，人力的短缺问题也不是可以简单解决的。楚才晋用或是揠苗助长都不是好办法，千万不能小看。品牌再大，消费者最重视的还是自己的感受。

当然，各个方面都可能出现瓶颈。财务、人事、研发、物流、营建……都可能比以往复杂十倍、百倍。光是解决问题就已经很头痛。如果还想搞出点规模效应，或是增加点防弊机制，让自己真的有点可以长治久安的样子，再争取个上市的机会，那所需要的 Know-how 就更加不得了了。

4 开启未来的关键：
Know-how 能否下沉到一线员工

很多企业扩张以后，发现各个地区的表现天差地别。表面上看，总部的各个部门热火朝天，不停地推动各项新的活动，但执行下去，却未必都能奏效。

我最重视的不是总部的工作有多努力，而是这些想出来的 Know-how 是不是真的在第一线有效，可以很好地帮助第一线的员工做出决定，解决问题。

消费者的直接感受才是最真实的。

所以我们再会带人，如果只是自己直接接触的那些人，是远远不够的。我们必须要有一个高效的大团队，人人都能起到自己的作用。一起开发新的 Know-how，传达 Know-how 和运用 Know-how。而要做到这样，不是写个标准作业流程那么简单。

我退休的时候，百胜中国的员工已超过 40 万人，遍布在全国各地。这在民营企业中应该还是很少见的。让这么多人都知道在自己的岗位上该做些什么，以及知道要做到什么样的水平，这不是一件容易的事。

前面章节讲过了，如何设计组织是一门大学问，但很少有人懂。抄袭跨国公司的那一套，其实未必实用。我亲身经历过的风风雨雨、坎坎坷坷，一路走来也悟出了一些心得，这也算是一种 Know-how 吧。

5 首席执行官的责任最大

不论是建立以往没有的科技能力，还是公司发展遇到瓶颈，当缺乏某一个领域的能力的时候，就需要考验公司的领导层，尤其是 CEO 的能力了。

多半公司的第一反应就是雇人。在市场上寻找优秀、有相关经验的人，然后把担子交给他，寄予厚望。但往往都是雷声大雨点小。搞了一堆投资，买了一堆系统，搞了几年，也谈不上了不起的进展。就算换一批人，似乎也不解决问题。有的公司雇了顾问和咨询公司，或者买了号称先进的系统软件，还配上大数据、云计算……钱没少花，但似乎也是投入多回报少。

其实一个公司的真实实力，不是看有几个部门，有没有投资；而是要看有没有真正的 Know-how，而**真正的 Know-how 是买不到的**。或许我们可以买到一部分知识或能力，但如果没有把这些知识和能力很好地与公司的知识和能力整合到一起，那也只是表面功夫。

好的 CEO 不能只想花钱解决问题。商业模式的重新打造，必须由每一个环节入手，把新的能力一点一点地整合进去。

CEO 必须了解，像互联网、社交媒体或数字经济这样的大变革，是不能授权出去的。**必须依靠 CEO 重新打造自己的团队，让每个部门、每个人都学会新的 Know-how。**

百胜中国如何面对科技革命　　　　　　　　　　分享

百胜有一个 IT 部门，负责帮助大家使用计算机。计算机有问题找他们解决。互联网出现后，发现问题没那么简单。

要不要设个官网？设了以后做什么？要不要做电商？要不要做新媒体？但消费者和竞争者会不断呼吁和推动我们，你想不做都不行。

而且自己内部的决策和工作流程，是否也因为科技而需要改进？更便宜的通信成本和更强大的计算能力，还有大量数据的出现，是否可以让决策更科学、更及时？

这时只靠一个 IT 部门是非常被动和不够的。这有点像中国改革开放的初期，大家都必须改变一下思维，全面接受和拥抱科技革命。

我们成立了一个系统审批委员会（System Review Board，SRB）来推动公司的改造，建立全面的新 Knowhow。一开始是打造基础建设，创设足够的带宽、计算力和储存空间，然后再引入和开发软件。

大家很快就发现有了系统的好处，于是纷纷成立项目团队,开始立项、实施、检索。不到几年,几百个项目运行后,我们所有的工作几乎都实现系统化、科学化了,效率也变得更高。

这些都是各个部门自己的系统,利用 IT 部门专业的知识帮忙完成。科技完全成为工作的支撑。

如何超越传统营销　　分享

百胜和宝洁一样,是个大型的消费品公司。餐饮品牌的营销其实比这些快消品公司的品牌还要刺激好玩。消费者吃完早饭,又要考虑午饭和晚饭,另外还有下午茶和宵夜。所以我们的消费更高频,可以做和需要做的事情更多。消费者也喜欢与我们互动,总比牙膏、洗衣粉有意思。

我们企划部门的很多人才都是宝洁、强生、联合利华这样的公司过来的,所以大家的招数都差不多。我们每年广告费的支出在全国都能排前几名,其他各种促销活动的预算费用也很可观。因为胳膊粗,拳头大,都自以为是品牌专家,天之骄子。小一点的品牌,经费不足,没有积累,想花点钱做广告都买不到,根本没什么机会。

但是社交媒体的出现,打破了传统媒体的寡头垄断。消费者接触品牌的途径多了、手法变了。许多新兴的品牌突然发力,赢得消费者的注意。一时之间这些老牌的行销公司,招数反而落后了。我们百胜团队的传统营销手段,也突然变落伍了。

老的 Know-how 不灵,又没有现成的可以学,的确很要命。

好在百胜是个敢于学习、敢于创新的公司。在团队的共同努力下，还是通过自身的改造，培养出了新的能力。如今百胜的数字行销能力已经非常强大。所有大家想得到的营销手段，百胜都做得有声有色。

以肯德基 APP 为例，已经迭代数次，差不多什么功能都具备，非常方便。如今肯德基的会员数已超过三亿人，与消费者的互动非常频繁。各种活动都能针对消费者的需求，精准地推送给他们，不再只是依靠漫天的广告。

玖

职业规划：
不是只有一条路径

1 如何做职业生涯规划？

条条大路通罗马。其实，中间还有很多岔路，会引你不知去向哪里。

年轻的时候没太多选择，但还是要**设法进入最好的企业，至少可以学到一些技能，接触到一些优秀、值得学习的对象**。等到自己积累了一定的能力，多些选择的时候，就该好好思考下一步了。

能加入一个好企业当然好。但如果有个还可以的企业，给你机会做对的事、大的事，可以成就自己，那也不妨去试试。不过这个评估要好好去做，不要几句话就被搞得热情高涨，去了以后才发现是美梦一场。

创业也是一个可能，更有机会按照自己的理想做事情，但不要轻估缺乏资源的难度。像我这种懒人，做点管理就已经足够了。如果每天还要去愁钱、筹钱，太辛苦了。

我当年赶上了肯德基进入中国的班车,实为幸事。公司有资源(百事集团),但不太管我(餐饮不是本业)。何况肯德基有美食的基因,没有麦当劳那么工业化,是有机会的。餐饮又是一个极为好玩的行业(在我看来比洗发水、纸尿片好玩),还可以做到非常大的规模。简直五美俱备。

找对了适合自己的舞台,那就好好演出。

2 以"西游记"打比方

西游记的故事无人不知。一个手无缚鸡之力的唐僧去西天取经。一路被想吃唐僧肉的妖魔算计，幸亏有神通广大的孙悟空，加上猪八戒、沙僧和白龙马的保护，终于千辛万苦取到真经，修成正果。

我觉得这个故事很有意思。唐僧其实手无缚鸡之力，最是无用，但天命在身，只有他去天竺才能取到经书，只有他能修成正果、万世流芳。孙悟空再有本事，也轮不到他。当然他也不吃亏，办成了一件大事，粉丝比唐僧还多。

但这个世界上不是所有的人都是唐僧，都有机会去西天取经、成正果。或许乔布斯、比尔·盖茨是吧，但多半人没有那个天命。那么，我们凡夫俗子就没有机会扬名立万了吗？

或许我们选的品牌（或公司）可以是"唐僧"？例如肯

德基。这么好的品牌,来到中国,具有发展的巨大潜力,但前进路上百废待举、挑战不停,还有各种负面消息,各路"妖怪"要吃掉"唐僧"。我们这些职业经理人,就必须像孙悟空、猪八戒,一路过关斩将,披荆斩棘,保护唐僧到西天取经。

虽然最后得道的是肯德基(唐僧),但是,我等一干人也算是做了一件大事。老了想起来,也是美滋滋的。

找舞台,也是找"唐僧",找到值得自己付出的对象。

3 不必一定要演男一号

我每次给团队上课时都会问学员,如果在西游记里让你演个角色,你会选谁?绝大多数学员选孙悟空,少数学员选唐僧(蛮聪明的——只要会念紧箍咒就好),没人选八戒、沙僧。更没人选牛魔王、蜘蛛精。

可见,大家还是希望自己成为男一号,站C位的,这是人之常情。

但是做孙悟空,得会七十二变,还要棍棒功夫了得,否则没法完成任务。如果你不具备这等本事,怎么可能演好?三两下就被导演或观众轰下台了。

你有没有想过,也许你适合演八戒、沙僧?虽然不是男一号,但好歹也入镜了,还可以抢戏。像大战蜘蛛精那场,没有猪八戒的特别本事,孙悟空还真搞不定呢。

其实唐僧取经的一路,犹如品牌发展过程中的各种挑战，团队里的各种人才都用得上。大家都有机会表现自己。今天是你的主场，明天就该我上场。不需要太计较。

　　选好适合自己的角色。没必要抢站 C 位，争做男一号。否则搞到后来，只能找到一些不入流的机会，戏演了也不好看。有意思吗？

　　很多好的男二号，演的可能比男一号还要出色，大家更加记得他的表演。**把自己适合的角色演到极致，**可能更有意义。

4 找不到"唐僧"怎么办？

"唐僧"的确难找，每个就业机会似乎都有这样那样的问题。如果找不到"唐僧"，那怎么办？

先想办法积累点能量吧。先忍耐着，浪费点时间精力，至少学点本事，认识点人性。**保持清醒的头脑，等待好机会的出现**。人生说不长，也没那么短，不要那么急。我自己年轻的时候也走过弯路。当年念了化工专业，不是兴趣所在。等我重新念 MBA，毕业的时候已经 31 岁。进宝洁公司，我从基层做起，同期进公司的都是刚毕业的大学生，但我毫不在乎。前面积累的经验肯定不会完全没用，人不会白活。

当然，你可以自己创业。现在的创业环境非常好，又有资本追捧，一不小心就做大了。自己的事业自己做主，可以按照自己的理念打造自己的企业团队和自己的企业文化。

但创业没有那么容易。就算初期成功，想扩大和持续创业更不容易。况且你还要时刻杜绝自己步入歧途的可能。总之，我并不鼓励年轻人单凭一腔热情去创业，想清楚了再决定吧。

还有一个可能，就是不要做太大的生意。很多成功的行业达人，专注于一些细分市场，数十年如一日，把自己的Know-how做到极致，照样可以获得很多美誉，也可以过上不错的生活。**每天和自己喜欢的小团队做喜欢的事情，何必非要做难做的大企业？**

5 学会找机会

当然，绝大多数的人可能还是适合在大公司里寻找机会的。大公司资源多，基础好，有很多现成的 Know-how，站在巨人的肩膀上比较容易出人头地，所以不要轻易放弃大公司的机会。

如果觉得公司的文化不好，老板不行，那抱怨也没用，还是要从长计议。**有的时候的确是要比谁的气长**。我前面说过，要想把对的事情做好，必须要有**勇气＋技巧**。不是忍气吞声，也不是横冲直撞。

我也是在大公司里面逐步找到自己的空间，争取到更大的自主权，空间和自主权不是从天上掉下来的。

打个比方，假如你是个逐步长大的孩子，如何能让父母放心，给你越来越大的自主权？闹革命未必是最好的方法。**应该先从小的决策逐步做起，证明给你父母看**，让他们相信你是有决策能力的,然后再要求更宽广的决策空间。我就是这么一路走过来的。

对公司其他的 Stakeholders 也要有礼有节,不要树敌。对他们的建议想法都不要嗤之以鼻,而应该好好思考,给予绝对的尊重。另外的技巧是,让他们知道你都考虑过了,已经整合到最终方案去了。

要逐步培养自己超前思考的领导力,然后争取到领导的机会。如果你的决策真的好,成绩就会出来,然后可以争取到更大的空间。

或许有一天,你可以联合有共同理念的伙伴们,改变整个团队的未来。

6 机会最大的是已经有点成绩的新兴企业

很多大公司积重难返,不是都有药可救。小公司创业维艰,资源有限。两者都很难打造一个像我描述的有战斗力的企业。但是公司已经立足,团队还没有太大的问题,就有可能通过好的领导团队,成长为下一个"唐僧"。

如果你能成为这样的团队一分子,甚至成为核心的成员或是带队的大哥,就有机会打造一个了不起的事业。

今天的中国给予了很多人这样的机会,我也见过很多优秀的、年轻一代的企业家或职业经理人。他们都是未来的希望,前途无量。

以中国市场的规模,只要在中国市场上成功的企业,就必然会成为世界上最大的企业之一。换句话说,今天还是中小型的企业,明天都有机会成为超大型的企业。那是多大的空间?可以成就多了不起的"唐僧"?这也是为什么我当初坚持不去总部，留在中国的原因。我们就算只能护送"唐僧"一段路，不也是一辈子的骄傲？

我希望这本书能让更多的孙悟空看清楚历史给予自己的机会，能找到命中的"唐僧"，还能找到征途上的伙伴，一起过关斩将，成功取经。

玖　职业规划：不是只有一条路径

7 实在道不行，乘桴浮于海

"唐僧"的确难寻，不是每个公司都有资格成为"唐僧"。很多（甚至是绝大多数）的组织都已经积重难返，仅靠一两个人（尤其是中低阶人员）很难去改变。很多人也因此放弃，转投新的机会，但往往事与愿违，还是不行。读了这本书，你应该可以理解，这都是人性使然，多半的公司，跳不出窠臼。与其不停地追逐，不停地失望，还不如选一个比较好、比较有希望的公司，聪明地让这个公司越来越好。

万丈高楼平地起，可以先在自己的影响范围内做出点成绩，争取能够做到一个更好的职位，再伺机而动，逐步影响更多的人。或许有一天，你和与你志同道合的伙伴能成为关键的领导人。千万不要低估王道正路的力量，坚持方向，积累能力，你会有成功的机会。

创业型的公司，往往机会比较多，自己做主的空间也比较大。如果大家志同道合，从一开始就用对的概念来管理，就可以省掉很多麻烦。当然也要靠主事者的智慧，带着团队向对的方向前进。

但如果自己真的不适合创业，又无力与公司对抗，其实也可以看开一点。

人生的成功不必都在事业上。家庭、教育、社会责任、公益……都可能给我们展现自己的舞台。**说不定那才是我们该投身的"唐僧"。**

那就不要期望太高，天天埋怨公司埋没你的才华。既来之，则安之。就算是为五斗米折腰，也要折得开心些。

案 例

案例

1 "立足中国，融入生活"

很多人谈起中国肯德基，都会提到最成功的地方是本土化战略进行得很到位。实际上，我们内部并不这么讲。我给中国肯德基制定的品牌总策略是"立足中国，融入生活"。但这个想法也不是一开始就有的，它经历了一个过程。

肯德基是 1987 年来到中国的，第一家门店开在北京前门。我 1989 年接手时，全国共 4 家门店，菜单上只有 8 个品种：原味鸡、土豆泥、小餐包、菜丝沙拉、百事可乐、巧克力圣代、草莓圣代和啤酒，是一个非常美国标准的品牌。虽说那些年得到了许多消费者的喜爱，多家餐厅门口都排起了长队，但这种情况是否可以持久，是个问题。毕竟那个时候，肯德基是"西餐"的代名词，吃顿肯德基可是一件非常"奢侈"的事情。很多家长把其当作给孩子的奖励，甚至还有年轻人把婚礼办在了肯德基。

肯德基虽说是一个国际品牌，在全球都有门店，但这也不能改变它起源于美国这个根深蒂固的 DNA。就开店模式而言，美国大多数餐厅都是加盟店，而且很多都是汽车穿梭餐厅（Drive-through），这显然无法全盘照搬到中国来；就餐饮形态而言，肯德基在美国走的是家庭路线，这有很大的局限性，也很容易被取代；就产品而言，幸运的是这个品牌的经典当家产品是炸鸡，这与中国消费者喜食鸡肉的口味爱好不谋而合，但单靠这一点也肯定走不远。产品品种单一、烹饪方式单一，以及大家对"三高"的担忧等都是隐患。

在我看来，肯德基是一个品牌，更是一个平台。也就是说，看你把什么放在这个平台上才是关键，而这点正是我们团队可以主导并做决定的。不能被历史限制了未来，更不能停滞不前。我们差不多花了十年的时间摸索和尝试，学习、了解中国市场，学习、了解中国消费者。等我们积累了一些理解和能力后，开始思考运用我们的 Know-how 来做一些改变。2002 年前后，是我们开始发力的一个时间节点。加快开店速度、开卖早餐、研发系列早餐粥、推出"老北京鸡肉卷"和"新奥尔良烤翅"、成立"健康专家委员会"等一系列动作后,品牌在老百姓心目中的口碑初见成效。2004年,我们在北京庆祝中国第1 000家肯德基餐厅开业时,千余位餐厅经理齐聚长城,做出庄严宣誓:"立足中国,融入生活",这也是我们第一次对外正式公布中国肯德基的品牌总策略。

在不同场合,我多次讲到做餐饮是一件很好玩的事情,因为这和人们的日常生活息息相关。虽说我们有"全家桶"这个经典产品,但谁又能说肯德基只能是家庭聚餐的首选?同时肯德基也不能说自己只有做正餐这唯一一个选项。在我看来,提供全餐、尝试多种模式、不断创新、与时俱进才是正路。产品方面有早餐、午餐、晚餐、下午茶、夜宵等可以尝试;服务方面除了传统的堂食以外,还可以增加外卖、24小时营业、汽车穿梭餐厅等功能,全维度打造品牌。让所有消费者都能找到光临肯德基的理由,让他们切实感受到生活中有肯德基真好。

因为这个目标,我们团队就必须认真面对中国消费者的需求,积累真正的Know-how,学习打造包括餐厅运营、店面开发、产品研发、供应链管理、合作加盟等全方位的能力,把"立足中国,融入生活"变成每一个看得见、摸得着的结果,因此大家才能在菜单上看到五六十个丰富多样的选择,才能在肯德基享受地道的葡式蛋挞、豆浆油条、现磨咖啡……也就是现在大家眼中无处不在、有求必应的肯德基。

2 "新快餐"的决策

肯德基在中国并不是一路顺遂的，我们一路上也有许多挑战。其中最重要的就是如何面对媒体和消费者心目中"快餐是垃圾食品"的既成印象。

要面对问题，解决问题，首先就必须认清问题的真相。快餐是不是垃圾食品？为什么被认为是垃圾食品？

这个"快餐是垃圾食品"的说法是从美国来的。有几个原因：①美国人肥胖问题太严重了；②美国人快餐吃太多了（量大，频次也高）；③美国快餐业有不可推卸的责任。大家有兴趣可以自己去读一些讨论这些问题的书，这里简单总结一下。

麦当劳是美国快餐的鼻祖。它发明了这种快速而又便宜的餐饮方式，大背景就是工业化。麦当劳的创业团队，利用工业化的思路，把汉堡、薯条的原料全部规模化集中生产，冷链运输，同时大量开门店，把单位成本降到最低。这样就可以卖得更便宜，进入一个循环。这个问题看起来不大，但做到后来就过头了。

随着成本不断下降，价格下调的压力也逐渐加大。为了维持门店的收入，就想出了加量的卖法。于是一片牛肉，慢慢就变成两片，甚至三片。薯条的份量也开始加大。可乐从原来的 8 盎司逐步上涨到 32 盎司，现在干脆无限量畅饮。美国消费者缺乏饮食文化，就吃这套。其实也不只快餐，饮料、小食品也都有同样的问题。很多人抱着玉米花、薯片，喝着啤酒、可乐，盯着电视看球赛。用最小的代价、最多的时间，吃了最大量的单一食品，如何能不胖？于是，有人跳出来批判，快餐就这样被污名化了。

其实，肯德基一直是工业化程度比较低的。肯德基老爷爷桑德斯上校是个美食爱好者，发明了用压力炸锅和独特香料配方裹粉炸鸡。之前一直在餐厅里卖，后来才运用麦当劳的销售模式，被列为快餐的一种。

快餐的销售模式合乎现代社会忙碌生活的需要，为很多消费场景提供了解决方案。快餐本身没有问题。问题是在这个平台上，我们应该如何让消费者得到最好的体验。

中国肯德基从 20 世纪 90 年代中期开始，已经取得了一定的成绩，中国团队也添砖加瓦，可以自己掌握自己的品牌发展。从那时起，我们就思考未来发展的大方向和大问题，走美国老路？还是自己另起炉灶？

民以食为天。中国人讲究饮食文化，天下有这么多美食，怎么可以让消费者只吃汉堡薯条？不思创新，靠增量促销来提升业绩，而且诱惑消费者吃到妨害健康的地步，怎么可能是对的事？

我们的第一件事就是积累 Know-how。我们邀请中国权威的营养专家作为我们的咨询委员会成员，一起讨论"营养"这个问题。每次开会我都会参加。慢慢的，问题就清楚了。

从营养学的角度来看，没有垃圾食品这个说法。所有的营养素，人体都需要，无所谓好坏。有毒的食品，国家也会依据科学（包括世界卫生组织的指导意见）严加监管，我们不必道听途说，自己吓自己。问题就是个"量"的问题。国家饮食指南给出的建议也是要广泛摄取各种营养素，不要独沾一味。

但是人类对自己的嘴往往管得不好。吃得太多,或是吃得不够均衡,才会出现各种问题。所以,最重要的是每个人都要养成好的饮食习惯。

多年来,肯德基不断想方设法引导消费者养成良好的饮食习惯,推广饮食指南,支持营养科普的各项活动。如今,"没有垃圾食品,只有垃圾的饮食习惯"的理念已经深入人心。

但我还是要检讨我自己,不能把锅一甩了事。肯德基的炸鸡有名,汉堡也好吃,但是炸的食品吃多了确实不好。消费者隔一段时间吃一次,打打牙祭,也不是问题,但我们是否可以多给消费者一些选择呢?

做烤鸡是很明智的选择,但是为此增加一个烤箱就是对的决策吗?

我一辈子不喜欢头痛医头,就提出了不同的目标。我要求彻底研究市面上所有的烤箱,要么不买,要买就买那种可以给我们最多选择的烤箱。思路打开了,想的可能就不一样了。最后我们选择了德国顶级的多功能烤箱,当时几乎都是卖给五星级酒店餐厅的。因为它有多种烤法，还可以控制温度、湿度，不同层还有不同烤法，技术非常领先。

有了这个烤箱，我们不单可以做各种烤鸡产品（新奥尔良烤鸡、烤翅），还可以做葡式蛋挞，甚至可以煮粥。现在肯德基每家店里都是好几台烤箱，甚至比炸锅还重要。

我们还要加快新产品开发上市的速度，每几个礼拜就会推出不止一种新品。餐饮是让人快乐愉悦的重要因素之一。加快新产品的开发，经常变换品种，多途径获取各种营养素，这才是健康的生活。

当年，我们给这个新概念取了一个没有什么学问的名字——"新快餐"，现在大家习以为常了。

3 曙光基金的设计

百胜关于成功的愿景,包括一条"关爱成员的大家庭",提到我们会关爱成员,是因为我们就是这样的人,关爱所有的人。

百胜很乐意帮助别人。我们的第一线团队常常为社区做好事,市场也会组织餐厅在重要的时候(如天灾人祸)主动去慰劳需要温暖的人。我们在全国范围内积极参与各种公益活动,或者捐钱出力,或者参与政策研究、行业发展讨论等等。

为了培养运动习惯(健康生活除了好的饮食,还要运动),我们花大力气主办了全国青少年三人篮球挑战赛和健康操大赛,这些都是世界上规模最大的草根性运动赛事。

我们还推出了"捐一元,献爱心"的年度劝捐活动。除了自己捐款,更重要的是希望推动社会"勿以善小而不为",

由小处开始享受到助人的快乐。

但我个人最喜欢的一个公益项目是曙光基金。

我一向认为中国最大的问题是边远地区的贫穷问题（很高兴看到 2020 年中国所有贫困县摘帽，这是多么了不起的成就）。我看到的角度是人才，如果没有好的人才带领乡亲，做好决策，积累 Know-how 一起致富，给他们再多的补助，也是事倍功半。

边远地区的年轻人，往往没有钱上大学读书。就算拿到奖学金，也比较闭塞，不能融入同学或社团之中，欠缺社会经验，更别说独当一面。

针对这种情况，我们结合肯德基的特点，创新设立了曙光基金。与中国青少年发展基金会合作，联合全国几十所大学，给予这些贫困大学生足够的奖学金，让他们学费和生活无忧；但同时这些学生也必须安排一段不影响学习的时间到肯德基打工实践。这个设计，赚钱不是目的，重要的是让这些学生在餐厅的工作中学会与团队合作，服务他人。我们的餐厅经理都是他们的哥哥姐姐，教导鼓励他们好好成长。我们也为他们组群，让他们互相认识，互相学习。高年级的同学还可以成为新加入同学的学长。

这是一个全面的崭新设计,帮助一个贫困的年轻人在大学过程中完成由受助到互助,再到助人的转变,还可以学习到终生受用的社会和服务经验。

很多曙光学子,后来都成为非常优秀的人才,其中有些大学毕业后成了肯德基的正式员工。这些毕业生员工又接过接力棒,去帮助更多新的曙光学子。

4 反思东方既白与小肥羊

我在百胜任内,自创了一个中式快餐品牌——东方既白,又收购了一个火锅品牌——小肥羊。这两个品牌一直没有得到很好的发展,跟肯德基和必胜客完全不是一个档次。外界一直很好奇,当初为什么要做这些决定?这是失误吗?如果有机会重新来过,我还会做同样的决定吗?

百胜在美国有三个品牌——肯德基、必胜客和塔可钟(Taco Bell)。肯德基和必胜客卖的主要产品,全世界都喜欢,很早就遍布全球。塔可钟卖的是美式的墨西哥餐饮,相对小众一些,在美国(尤其是西岸)很受年轻人喜欢。我们在中国把肯德基和必胜客做成功以后,证明自己不只可以做成一个品牌,就开始思考是否多做几个品牌。总部更是提出要在每一个餐饮的类别都做一个领先品牌,甚至鼓励我们要想得更大一点。

作为一个中国人，我一直在思考中餐连锁化的问题，也在观察同行在这方面的努力。我知道面临的挑战很大，因为不具备太多的配套条件。例如，中餐的菜色太多，又人人会做；大街小巷都是餐馆，卖得也不贵；不需要等太久，翻炒两下，就出锅了……但是一旦想连锁标准化，简单的事情就复杂化了，成本还上去了。而且，西式餐饮本来就是外来食品，大家很容易接受。但中式餐饮就完全不同。上海人喜欢的和安徽人喜欢的都未必一样，更别说北京或广州了。

但我还是决定推出东方既白这个品牌。积极地想，如果成功了，市场空间将非常大；消极地想，至少团队在这个过程中可以学习到很多有用的知识。品牌上市以后，消费者的反应还是不错的，但是经济效益不够好，就基本停滞了。百胜现在有个小团队还在思考如何找到合适的定位和发展的策略。希望长江后浪推前浪，他们能把这个品牌做起来。

但是为了做东方既白，我们积累了很多好的Know-how，还是非常有价值的。肯德基后来推出了很多中式产品，其实都是东方既白团队研发出来的。像超大鸡腿饭、金针肥牛饭、早餐饭团等。必胜客也有不少产品借力于这些

Know-how。

收购小肥羊的决策逻辑也很清楚——中餐中火锅类是相对最大的品类之一。消费者喜欢吃，而且做连锁比较容易——不需要厨师，供应链简单。难怪有那么多的火锅品牌。当年我们考虑进入火锅类，想过自创品牌，但团队里没有人有任何灵感，也觉得未必要从零开始，就考虑收购。当时全中国最大的品牌就是小肥羊，还是香港上市公司，代表公司治理应该有点保障。我们也没有一步到位，先买了部分股权，进了董事会，观察了一两年才全面收购。

可惜我们还是犯了一些无知和骄傲的错误。小肥羊原来的经营方式是直营加盟并举（百胜一向是直营为主），对店面管理非常松散（百胜却是十分紧密），各个门店都有很大的自主权，菜品、份量、价格、进货渠道……都不统一。对百胜而言，食品安全、顾客体验等都无法完全掌控，这种风险是我们不能接受的，必须要改。可惜我们的团队，太相信整合的必要性和急迫性，忽视了剧变带来的后果。统一菜单品项和价格，不仅让很多消费者不满，而且伤了消费者的心。等到我们发现，已经有点晚了。

我对这件事负有主要的责任，也是我这辈子比较懊恼的一件事。居然在我眼皮子底下发生了自毁品牌的事情，真的有点"一世英名，毁于一旦"的感觉。

事后分析起来，还是我太大意了。我指派的团队是由基层一路做上来的老将，搭档的几个营销和财务人员也都是很聪明的人。他们一路做的报告，都是信心满满，积极准备系统的大改变。甚至还做过部分门店的测试，也没发现什么问题。

但等到问题出来、营业额下滑、实在解释不过去的时候，他们才警觉到犯大错了。我马上带着团队下基层调研，找店经理座谈，发现他们都以为品牌迭代是既定策略，没人敢挑战。而总部人员太过激进，也不知道基层调研的重要性，自己坐办公室，打几个电话，就以为达成共识了。

个人积累再多的 Know-how 没有用。必须是每个真正参与决策、做决策的人都有对的 Know-how 才最重要。我误以为跟着我做了这么久，应该知道如何决策，却忽略了这次的决策和以往有太大的差别。如果这是在肯德基或必胜客，同样的改变，必然会引起很多讨论。但在小肥羊，成员都是从别的品牌调任过来的,小肥羊的基层员工也不知道如何对应总部的问题与决策。大家盲目、过度乐观地看事情,就踩雷了。

我后来决定,不能用大品牌的方式管小品牌。我重新聘了一位总经理,授权他带着自己的一个团队,重新整顿小肥羊的经营管理模式,重新打造小肥羊这个品牌。据说现在做得很不错,品牌又开始稳步发展。

百胜再强,也不是真的能百战百胜。都是餐饮业,还是隔行如隔山。很多人以为我很能干,甚至把我捧成什么"教父",其实我也只是略知一二。学得越多,越知道有所敬畏。我们每个人,面对每件事,还是必须戒慎恐惧。毕竟人非完人,孰能无过。

总 结

为什么说大道至简？其实人类文明这么久了，怎么会不知道如何成功？我讲的这些道理，应该也没有什么新理论。不就是先修身养性，再齐家治国平天下？一些西方的需求理论，也很浅显。

但简单的理论不代表容易做得到。我们有太多的人性弱点，让我们不做或做不到位。而且看看周遭好像大家也没好到哪里去，很容易因循苟且，得过且过。当然，偶尔也会想上进突破，去上个课、念点书，参观标杆企业，取取经。但得到的往往只是一些片面的知识，拼不出全图。

读了这本书以后，希望事情能变得很清楚，知道该如何逐步改进自己和团队：

- 学会广泛学习，深入思考，每件事情必求甚解，长年累月必有所得；
- 如果能**精准定位（Pinpoint）每个问题的核心**，就已经解决过半了；

- 不要急着解决问题，每个问题都是创新的机会，要好好利用；
- 先想大再想小，先想远再想近。不要头痛医头，脚痛医脚；
- 质疑挑战自己，主动寻找多维的可能，不要轻易地仓促决定；
- 善于判断形势，预估事情走向；
- 好好掌握、运用科学逻辑；
- 对风险既不冒进，也不误判，严格管控；
- **待人以诚，恩威并济**，共同成长；
- 务虚的事只做必要的，务实的事多做一点。

其实还是跳不出老祖宗（"中庸"）说的：

博学　审问　慎思　明辨　笃行

大道至简

一以贯之	修身养性	修炼自己，学会待人 ⬇
	齐家治国	打造战斗团队 ⬇ 积累 Know-how ⬇ 做好每一个决策 ⬇
	平天下	成功

后 记

退休五年了，本来没打算写这些。自己在百胜做了一些事，也不敢说尽善尽美，只能讲幸不辱命，没有把"唐僧"给搞丢了。书中提出的一些想法，我也不敢讲自己已经全然实现，自己的缺点也都完全被克服。但是我想来想去，觉得自己这些领悟没有错。就算心向往之，不能完全做到，也胜于全然不知不为，庸碌一生。

本书分享的这些内容并不是为了突显我有多了不起。肯德基也好，必胜客也好，是美国快餐的领导品牌，在全世界主要市场都表现优异，拥有成功的商业模式。我们中国团队是后发市场，正是依靠这个强大基础才能做起来。我当年在亚太地区工作，有机会结识许多优秀的市场团队和领导人，如日本的 Shin Okawara、马来西亚的 Datuk George Ting 和印尼的 Dick Gelael 等，从他们身上学习了很多。在美国总部，我的历任老板，特别是百胜全球前 CEO David Novak 对中国团队的持续支持，是促成我们取得成功的重要因素。他们对中国团队逐步授权，一路给予鼓励与信任，并积极帮助我们建立更多更好的 Know-how，是让我们一路快速奔驰、取得成功的保证。跨国公司拥有先进的管理经验这是毋庸置疑的，只是我们在学习和实践过程中，不能囫囵吞枣，也不能全套照搬。不断思考，修炼出结合本市场属性的功夫才是正路。

这几年百胜依然表现得可圈可点。原来的 Know-how 没有因为我的不在而丢掉，在新的 CEO 屈翠容（Joey Wat）的带领下，还推动了许多新的积累，市场竞争力还是很强劲，发展的势头始终亮眼。

最后决定写这本书，还是想对社会做点贡献。野人献曝，敝帚千金，希望不会让您见笑。

我们的老祖宗留给我们很多智慧，但我们也需要学习很多过去错过的现代知识。现在举国上下都在努力奋斗，希望能成功实现中华民族的伟大复兴。我们现在努力学习各种西方经验，做得已经很多了，也慢慢发现西方的这些先进经验也未必完整。有必要做些审视，做些修正。

中国人可以更好地后发先至。如果能够充分发挥团队的合作力量，加上每个人的努力和智慧，我们绝对可以取得更大的成功。

我的书如果能帮助大家更清楚自己要努力的方向，快快步上正路，少走一些歧途，我的目的就达成了。

感恩的话

要感谢的人太多了。我一辈子不停地观察他人，学习他人的长处和技巧，也从反面教材中吸取教训。三人行，必有我师，我都心存感谢。

但要特别谢谢 Mr. John O'Keeffe。John 与我有特别的缘分。1986 年我被宝洁派回中国台湾工作，没多久 John 也被宝洁派来中国台湾担任总经理的职务，是我的大领导。他只待了两年，就因为杰出的表现，被调回英国做总经理。就这短短的两年里，John 彻底改变了宝洁中国台湾的产品策略。放弃了低利润的肥皂类产品，把产能让给高利润的洗发、润发产品。后来这个策略成为宝洁亚太地区的主战略，不知道帮公司赚了多少钱。

我再见到 John 的时候是 2000 年的一个深更半夜，我们都在迪拜机场等着登机，而且是他先认出我。我才知道他不到 50 岁就退休了，自己开班授课，希望把他的一些管理理念传播给更多人。我一直很崇拜 John，有这个机会当然不能放过，没多久我就带着首席人力资源官罗淑莹（Christabel Lo）飞往伦敦，上了他的课。这门 Business Beyond the Box（BBB）课程让我们茅塞顿开，看到了传统公司管理的各种问题，应该如何做才能解决。后来我和 John 谈好，买下在百胜中国的版权。Christabel 和我把教材翻译成中文，在公司内部开班讲授。

我这本书里面总结了许多 John 的思考和技巧。如果各位有兴趣，可以自己搜索一下 John 的课是否还有开。

我读过很多管理类的图书，很多好的理论和内容已纳入本书，在此，特向原作者表示衷心的感谢！

我一生中还有很多良师益友，给了我很多帮助。我特别感念我第一份工作的总经理詹绍启先生和他的夫人，他们在我刚踏入社会的时候，给我很多机会学习，还在关键时刻指点我未来要走的方向，让我终身受益无穷。

当然，我的学习离不开百胜中国的队友们。我们从 20 世纪 90 年代初期开始，一起打造自己的团队和企业文化，互相影响，互相学习。我作为队长和大哥，当然有我的角色，但他们也让我看到自己的不足与需要成长的地方。我们的今天，就是在不断的讨论与学习中创建出来的，很难再区分是谁向谁学的。

罗淑莹是我最好的 Partner（合伙人）。我们一起把 BBB 转化为自己的东西，以后又一起创建了 MBD（Make Better Decisions）和 Dynasty Building 这些百胜自己的课程。加上一些引进的课程，和自己创建的一些工具，让我们这一套高质量决策的思路能在公司的每一个环节得以实施。

在这个过程中，胡胜兰（Sharon Hu）作为培训的主管，也是立了大功的。课程教案都是她编写的，也在课堂中帮忙授课。正因为她完全理解我们的这套思路，所以写这本书的时候，我也找了她来帮忙修改和校阅。

曾经长期协助我做公共事务、思路清楚、文笔非常好的徐慧（Eileen Xu），在本书的写作过程中，提出了很多好意见，让这本书的条理更清楚，文辞更易懂。

这本书能够面世，必须感谢中欧出版集团和东方出版中心。感谢胡峙峰先生在近一年的时间里与我多次讨论，出谋献策；感谢张碧萱老师、徐建梅老师在编辑工作上的付出；感谢美编蒋碧君老师。最后还要感谢为这本书的出版付出心血的所有幕后人员。

总之，谢谢所有那些有缘与我同行过的家人、朋友和事业伙伴们。这本书里有你们的影子。